长江文明之旅

建筑神韵篇

科技部推荐优秀科普图书

商帮会馆

总顾问　冯天瑜　钮新强

总主编　刘玉堂　王玉德

王志远　编著

上海科学技术文献出版社
Shanghai Scientific and Technological Literature Press

长江出版社
CHANGJIANG PRESS

长江文明馆献辞
（代序一）

冯天瑜

> 无边落木萧萧下，
> 不尽长江滚滚来。
>
> ——杜甫《登高》

　　江河提供人类生活及生产不可或缺的淡水，并造就深入陆地的水路交通线，江河流域得以成为人类文明的发祥地、现代文明繁衍畅达的处所。因此，兼收自然地理、经济地理、人文地理旨趣的流域文明研究经久不衰。尼罗河、幼发拉底—底格里斯河、印度河、恒河、莱茵河、多瑙河、伏尔加河、亚马孙河、密西西比河、黄河、珠江等河流文明，竞相引起世人关注，而作为中国"母亲河"之一的长江，更以丰饶的自然禀赋、悠远深邃的文化积淀、广阔无垠的发展前景，理所当然成为江河文明研究的翘楚。历史呼唤、现实诉求，长江文明馆应运而生。她以"长江之歌 文明之旅"为主题，以水孕育人类、人类创造文明、文明融于生态为主线，紧紧围绕"走进长江"、"感知文明"和"最长江"三大核心板块，利用现代多媒体等手段，全方位展现长江流域的旖旎风光、悠久历史和璀璨文明。

　　干流长度居亚洲第一、世界第三的长江，地处亚热带北沿，人类文明发生线——北纬30°线横贯流域。而此纬线通过的几大人类古文明区（印度河流域、两河流域、尼罗河流域等）因副热带高压控制，多是气候干热的沙漠地带，作为文明发展基石的农业仰赖江河灌溉，故有"埃及是尼罗河赠礼"之说。然而，长江得大自然眷顾，亚洲大陆中部崛起的青藏高原和横断山脉阻挡来自太平洋季风的水汽，凝集为巫山云雨，致使这里水热资源丰富，最适宜人类生存发展，是中国乃至世界自然禀赋优越、经济文化潜能巨大的地域。

　　长江流域的优胜处可归结为"水"—"通"—"中"三字。

冯天瑜

一、淡水富集

长江干流、支流纵横，水量充沛，湖泊星罗棋布，湿地广大，是地球上少有的亚热带淡水富集区，其流域蕴蓄着中国35%的淡水资源、48%的可开发水电资源。如果说石油是20世纪列国依靠的战略物资，那么，21世纪随着核能及非矿物能源（水能、风能、太阳能等）的广为开发，石油的重要性呈缓降之势，而淡水作为关乎生命存亡而又不可替代的资源，其地位进一步提升。当下的共识是：水与空气并列，是人类须臾不可缺的"第一资源"。长江的淡水优势，自古已然，于今为烈，仅以南水北调工程为例，即可见长江之水的战略意义。保护水生态、利用水资源、做好水文章，乃长江文明的一个绝大题目。

二、水运通衢

在水陆空三种运输系统中，水运成本最为低廉且载量巨大。而长江的水运交通发达，其干支流通航里程达6.5万千米，占全国内河通航里程的52.5%，是连接中国东中西部的"黄金水道"，其干线航道年货运量已逾十亿吨，超过以水运发达著称的莱茵河和密西西比河，稳居世界第一位。长江中游的武汉古称"九省通衢"，即是依凭横贯东西的长江干流和南来之湖湘、北来之汉水、东来之鄱赣造就的航运网，成为川、黔、陕、豫、鄂、湘、赣、皖、苏等省份的物流中心，当代更雄风振起，营造水陆空几纵几横交通枢纽和现代信息汇集区。

三、文明中心

如果说中国的自然地理中心在黄河上中游，那么经济地理、人口地理中心则在长江流域。以武汉为圆心、1000千米为半径画一圆圈，中国主要大都会及经济文化繁荣区皆在圆周近侧。居中可南北呼应、东西贯通、引领全局，近年遂有"长江经济带"发展战略的应运而兴。长江经济带覆盖中国11个省（市），包括长三角的江浙沪3省（市）、中部4省和西南4省（市）。11省（市）GDP总量超过全国的4成，且发展后劲不

冯天瑜

可限量。

回望古史，黄河流域对中华文明的早期发育居功至伟，而长江流域依凭巨大潜力，自晚周疾起直追，巴蜀文化、荆楚文化、吴越文化与北方之齐鲁文化、三晋文化、秦羌文化并耀千秋。龙凤齐舞、国风—离骚对称、孔孟—老庄竞存，共同构建二元耦合的中华文化。中唐以降，经济文化重心南移，长江迎来领跑千年的辉煌。近代以来，面对"数千年未有之大变局"，长江担当起中国工业文明的先导、改革开放的先锋。未来学家列举"21世纪全球十大超级城市"，依次为：印度班加罗尔、中国武汉、土耳其伊斯坦布尔、中国上海、泰国曼谷、美国丹佛、美国亚特兰大、墨西哥昆坎—图卢姆、西班牙马德里、加拿大温哥华。在可预期的全球十大超级城市中，竟有两个（武汉与上海）位于长江流域，足见长江文明世界地位之崇高、发展前景之远大。

为着了解这一切，我们步入长江文明馆，这里昭示——

一道天造地设的巨流，怎样在东亚大陆绘制兼具壮美柔美的自然风貌；

一群勤勉聪慧的先民，怎样筚路蓝缕，以启山林，开创丰厚优雅的人文历史。

（作者系长江文明馆名誉馆长、武汉大学人文社科资深教授）

一馆览长江 水利写文明
（代序二）

钮新强

"你从雪山走来，春潮是你的风采；你向东海奔去，惊涛是你的气概……"一首《长江之歌》响彻华夏，唱出中华儿女赞美长江、依恋长江的深厚情感。

深厚的情感根植于对长江的热爱。翻阅长江，她横贯神州6300千米，蕴藏了全国1/3的水资源、3/5的水能资源，流域人口和生产总值均超过全国的40%；她冬寒夏热，四季分明，沿神奇的北纬30°延伸，形成了巨大的动植物基因库，蕴育了发达的农业，鱼儿欢腾粮满仓的盛景处处可现；她有上海、武汉、重庆、成都等国之重镇，现代人类文明聚集地如颗颗明珠撒于长江之滨；她有神奇九寨、长江三峡、神农架等旅游胜地，多少享誉世界的瑰丽美景纳入其中；她令李白、范仲淹、苏轼等无数文人墨客浮想联翩，写下无数赞美的词赋，留下千古诗情。

长江两岸中华儿女繁衍生息几千年，勤劳、勇敢、智慧，用双手创造了令世人瞩目的巴蜀文明、楚文明及吴越文明。这些文明如浩浩荡荡的长江之水，生生不息，成为中华文明重要组成部分。

人类认识和开发利用长江的历史，就是一部兴利除弊的发展史，也是长江文明得以丰富与传承的重要基石。据史料记载，自汉代到清代的2100年间，长江平均不到十年就有一次洪水大泛滥，历代的兴衰同水的涨落息息相关。治国先必治水，成为先祖留给我们的古训。

为抵御岷江洪患，李冰父子筑都江堰，工程与自然的和谐统一，成就了千年不朽，成都平原从此"水旱从人、不知饥馑",天府之国人人神往。

一条京杭大运河，让两岸世世代代的子孙受惠千年。今天，部分河段化身为南水北调东线调水的主要通道，再添新活力，大运河成为连接古今的南北大命脉。

新中国成立以后，百废待兴，党和政府把治水作为治国之大计，长江的治理开发迎来崭新的时代。万里长江，险在荆

钮新强

江。1953年完建的荆江分洪工程三次开闸分洪，抗击1954年大洪水，确保了荆江大堤及两岸人民安全。面对'54洪魔带来的巨大创伤，长江水利人开启长江流域综合规划，与时俱进，历经3轮大编绘，使之成为指导长江治理开发的纲领性文件。

"南方水多，北方水少，能不能从南方借点水给北方？"毛泽东半个多世纪前的伟大构想，是一个多么漫长的期盼与等待呀。南水北调的蓝图，在几代长江水利人无悔选择、默默坚守、创新创造中终于梦想成真，清澈甘甜的长江水在"人造天河"里欢悦北去，源源不断地流向广袤、干渴的华北平原，流向首都北京，流向无数北方人的灵魂里。

新中国成立以来，从长江水利人手中，长江流域诞生了新中国第一座大型水利工程——丹江口水利枢纽工程、万里长江第一坝——葛洲坝工程、世界最大的水利枢纽——三峡工程。与此同时，沉睡万年的大小江河也被一条条唤醒，以清江水布垭、隔河岩等为代表的水利工程星罗棋布，嵌珠镶玉。这是多么艰巨而充满挑战、闪烁智慧的治水历程！也只有在这条巨川之上，才能演绎出如此壮阔的治水奇观，孕育出如此辉煌的水利文明，为古老的长江文明注入新的动力！

当前，长江经济带战略、京津冀协同发展战略及一带一路建设正加推提速，长江因其特殊的地理位置与优质的资源禀赋与三大战略（建设）息息相关，长江流域能否健康发展关系着三大战略（建设）的成败。因此，长江承载的不仅是流域内的百姓富强梦，更是中华民族的伟大复兴梦。长江无愧于中华民族母亲河的称号，她的未来价值无限，魅力永恒。

武汉把长江文明馆落户于第十届园博会园区的核心区，塑造成为园博会的文化制高点和园博园的精神内核，这寄托着武汉对长江的无比敬重与无限珍爱。可以想象，长江文明馆开放之时，来自五湖四海的人们定将发出无比的惊叹：一座长江文明馆，半部中国文明史。

（作者系长江文明馆名誉馆长，中国工程院院士、长江勘测规划设计研究院院长）

前　言

　　一条大河，九派云烟，长江与她的数千条各级支流勾画出长江流域的轮廓。干流流经青海、西藏、四川、云南、重庆、湖北、湖南、江西、安徽、江苏、上海等 11 个省（自治区、直辖市）；支流如繁茂的枝蔓延伸到贵州、甘肃、陕西、河南、广西、广东、福建、浙江等 8 个省（自治区）。约为中国陆地面积五分之一的长江流域，波澜壮阔，气象万千。

　　商业是在生产力发展到一定水平，有了社会分工和剩余产品之后才逐渐产生、发展的。长江流域密集的水网、充沛的水量、适宜的气候、丰富的物产资源、发达的农业与手工业、便捷的交通运输、深厚的文化积淀，为商业兴盛、城镇形成及发展准备了必要的条件，长江流域的商业文化源远流长正是理所当然。

　　《易·系辞》说："神农氏作……日中为市，致天下之民，聚天下之货，交易而退，各得其所"，可见定时定点的交换其时已成常事。湖北随州正是神农故里，诸多地方留下神农氏的足迹。

　　舜的继任者大禹出生于西川石纽，在四川茂县、汶川、北川等地有众多的传说和遗迹，与禹相关的其他遗迹更遍及岷江、涪江上游地区。禹在辅佐舜治理洪水时，就精于物资调剂。《尚书·皋陶谟》记载，禹"懋迁有无，化居，烝民乃粒……""懋"即贸易，"迁"即转输，"化居"意为"交易其所居积"，以其所有易其所无，众多百姓即可获得粮食。后世在说到商业活动时常常引用的"懋迁有无"，便是来自于此。

　　公元前 11 世纪，周武王灭商，许多商遗民被整族迁居到洛阳等地。本来就"殷（商）人重贾"，商朝亡后，一些商族人就更以做买卖为生路，于是在周人心目中，善贾者就是商（族）人。今日"商业"、"商人"、"商帮"之商，都是从昔日"商（族）人"而来。

　　春秋时期，齐相管仲在中国历史上第一个提出"士农工商"的"四民分业"理论，商业与农业并列而居末位，四民各定其居，不得杂处，不得改业，不得迁移。

　　战国时期，秦相商鞅变法，明确提出"务本抑末"，开封建王朝重农抑商政策先声，对中国历史影响深远。在此后漫长的封建社会中，虽然也有"恤商"、"惠商"声音，但商为"末业"、商人特别是中小商人为"末民"的"基调"一直被延续着。

　　明、清时期，商业有了极大发展，商人队伍空前扩大，逐渐形成"十大商帮"（晋商、陕商、徽商、闽商、粤商、江右商帮、鲁商、龙游商帮、洞庭商帮、宁波商帮）和其他众多商帮（商人群体），与商帮平行发展的是涌现出大量商人（工商）会馆。商帮与会馆相辅相成，互为支撑并推动社会发展，由此形成内容厚重、色彩丰富的商帮文化、会馆文化。

　　这本小书就是介绍活跃在长江流域的商人群体和他们的会馆。

　　本书中的商帮，主要是以长江流域为共同地籍的商帮，其行止也以流域范围为主。

　　参与创造长江流域商帮文化、会馆文化的，除了那些名闻遐迩的大商帮，还有其他商帮和商人群体，有些商人群体并未被视为一"帮"，同样在长江流域留下自己的故事。

　　流域内外在政治、经济、文化等各方面实际上是互相联系、互相影响的，对与流域邻近或联系较多地区的商帮、会馆，本书也有适当反映。限于体例与篇幅，对长江干流地区叙述较多，对其他地区则相对简略。

　　会馆部分以商人（工商）会馆为主。明朝永乐年间出现的士绅会馆为中国会馆之滥觞，其他类型会馆皆是以其为蓝本，均作适当交代。

　　一弹指间，明清以来的商帮、会馆已历经数百年风雨。这数百年尤其是近一百多年，正是中国历史上风云变幻，前所未有之大变局时期。风风雨雨不掩来路，旧迹宛然，犹有端倪寻觅；静心磨洗，愿能有所闻见。

　　书中不妥之处，还请各界读者指教。

目 录

爽气西来

这里是长江上游地区，崎岖蜿蜒的茶马古道顽强延伸，马帮的炊烟从山谷冉冉升起，船工号子在川江回响。在中国西部的藏、滇、川，商帮、商人的故事别有一种传奇色彩。

传奇藏商邦达昌

　　从 20 世纪初开始，"邦达昌"一直是西藏最大的商号。它拥有 2000 多头骡马，邦达家族马帮的铃声在茶马古道上叮叮当当响了半个多世纪。

　　邦达是西藏昌都地区芒康县的藏族家族，邦达家族与同村庄的"加中卡路"家族之间时有纠葛。大约在 1906 年，两个家族发生了一次大冲突，邦达这一边杀死了对方五个人，却也以三人为其偿命。此后，邦达·尼江离开了家乡。

　　尼江跟着云南商帮做起小本生意，从 1906 到 1909 年，他背着小商品奔走在云南迪庆到西藏芒康之间，成了一名很小的"聪巴"（商人），有几匹骡子和 24 两藏银本钱。在三年流浪商人经历中，尼江掌握了做小本生意的技巧，也认识了西藏社会。他看到，如果没有权贵的支持和帮助，在西藏经商很难有更大发展。

　　尼江经营内容扩展到土杂山货等，渐渐成为当时昌都有名的商人之一，他脚下的路也从云南到昌都，再到拉萨，继而走向国外。跨国贸易首先从西藏拉萨与尼泊尔之间开始，然后到印度。走到哪里，他都能找到稀有、贵重的物品，然后运到紧缺地方转卖，获利甚丰。随后，他在拉萨、印度噶伦堡和加尔各答建立了"邦达昌"商号。从此，这个家族在西藏政治、经济社会有了不可忽视的影响。

　　1910 年 2 月，大清入藏川军进驻拉萨，在英印当局的鼓动下，十三世达赖喇嘛逃往印度。这时的邦达昌经济实力已经相当可观，尼江竭尽全力

「布达拉宫」

保护达赖喇嘛安全抵达。两年后达赖喇嘛重返拉萨,尼江被封为"商上"(商务官),为十三世达赖喇嘛本人及西藏噶厦政府经营商业。

邦达昌作为噶厦政府的商务代表,享有支差、免税、统购出口货物等许多特权。他能以半价优先购入羊毛并以半价优先运输,其他商人购货、装运都必须在他之后。借助"红顶商人"的巨大垄断权,邦达昌很快成为豪门,经营活动发展到上海、南京、北京、成都、西宁、兰州,并在印度加尔各答、噶伦堡等地还有日本也开有商号。当时能够在康定或成都支付流通于上海的可兑汇票的康巴商号为数很少,邦达昌是其中之一。

邦达昌经营范围很广泛,它垄断经营全西藏的羊毛和药材贸易,另外还批发经营茶叶、食盐、粮油、副食品、西药、日用工业品和其他畜产品。

邦达昌在藏区的人员就有 1000 来名,可谓自成一"帮"。在印度噶伦堡,有一次两队骡帮械斗打死了人,直到打起官司来,才弄清都是为邦达昌服务的。

邦达昌究竟有多少财富?没有准确的数字,只有老百姓的传说:邦达昌在拉萨有一座小金库,里面装满了一千块一封的大洋,厚厚的墙壁都被胀出裂缝了。与此相映衬的是西藏民间的另一个说法:"天是邦达昌的天,地是邦达昌的地。"

1921年"煨桑节"(藏族的重要祭祀节日,一般在每年五六月举行)期间的一个夜晚,邦达·尼江被人刺杀,凶手何人,所为何事,一直是难解之谜。

尼江不在了,但邦达昌并没有停止自己的脚步。尼江有三个儿子,邦达·阳佩、邦达·热嘎、邦达·多吉。老大阳佩被十三世达赖授予亚东总管职位(四品官),三兄弟分别坐镇拉萨、昌都和印度噶伦堡,合力将邦达昌推向鼎盛。

邦达昌的传奇并不止于它的财富。

"七七事变"后,日本对中国抗战后方实行战略封锁,切断了中国对

「风与经幡交谈，它们知道雪域高原的故事」

外联系的海上运输线，中国大西南物资匮乏。阳佩和多吉策划并开辟了印度经西藏直通川、滇，完全依靠骡马的陆上国际交通线。他们加强在加尔各答和噶伦堡的商业机构，以拉萨为转发中心，在川、滇、青设立固定或流动商号及转运站；在印度购进大批商品，从噶伦堡直发康定、丽江再转至成都、昆明等地。邦达昌自备骡马2000余头，克服种种困难，前后支援

抗战物资达 1.5 亿美元。1942 年，在爱国力量支持下，邦达昌在康定成立了"康藏贸易股份有限公司"。同年 7 月，在理塘（位于川西）设邦达昌临时总号，动员藏商不惜一切代价支援西南大后方。在邦达兄弟的鼓动下，商人们纷纷前往拉萨或噶伦堡办货，运至康定和丽江等地；回程又把茶叶等商品运回拉萨，在康定掀起了大办商贸支援持久抗战的热潮。康藏路上历来多有盗匪，此时他们也受邦达兄弟大义感召而敛手，往来商贾畅行无阻。1943 年，邦达·阳佩又派仲麦·格桑扎西（曾任昌都地区政协副秘书长）参加重庆金融市场组织，每天了解市场行情，伺机买进外汇汇往印度购买内地急需商品。

早年红军经过甘孜藏区时，邦达·多吉在中华苏维埃博巴政府（红军在甘孜建立的以藏人为主的临时革命政府）出任财政部长。他以自己在康藏地区的特殊身份和在藏族人民中的影响，为工农红军和中华苏维埃博巴政府发挥了特有的作用。在和平解放西藏时期，多吉又组织马帮随解放军进藏，在后勤运输方面积极支持和平解放西藏。

邦达·多吉先后担任过一、二、三届全国人大代表，昌都人民解放委员会副主任、主任，西藏自治区筹备委员会副秘书长，西藏自治区政协副主席等职务。邦达·阳佩 1953 年任西藏工商代表团团长，出席全国工商

联合会会议并在祖国各地参观；1954 年由自治区筹委会任命为驻噶伦堡商务代理，同年捐献 2000 秤藏银用于收容乞丐和社会救济；1956 年 4 月任筹委会工商处处长；1965 年任西藏政协副主席。

邦达兄弟为维护祖国统一、民族团结作出了巨大贡献。

长袖善舞云之南

云南简称云或滇；清代曾在云南设置迤东道、迤西道、迤南道，后来便有人以"三迤"代称云南。滇东地处云贵高原，滇西为横断山脉，众多高山深谷、大河急流由北向南将东西交通横而断之，但是它阻断不了滇商的脚步。云南聚居着数十个少数民族，他们既"长袖善舞"，又"多钱善贾"。

「横断山，路难行」

● 云游无限

茶马古道干线之一的滇藏道，起自云南西部洱海一带产茶区，经丽江、中甸（今香格里拉县）、德钦、芒康、察雅至昌都，再由昌都通往卫藏地区。自古以来云南就与西藏、川边等藏区联系密切。

明代，滇藏之间贸易规模较之以前更有扩大，在滇商进藏的同时，也有不少西藏商人进入滇西北地区贸易。顺治十八年（公元 1661 年）、康熙二十七年（公元 1688 年），清政府先后批准在北胜（今永胜）、中甸立市贸易，这更加推动了滇藏经济交流。

清雍正初年，丽江和中甸相继实行改土设流，两地逐渐成为滇藏商贸交流的重要中转站。乾隆初年，丽江已是"商旅之贩中甸者，必止于此，以便雇脚转运"的商业重镇。

鸦片战争后，长江沿线武汉、重庆等地先后开埠，带动了长江上游滇川地区的商贸发展。滇西北商人远涉川藏，在川边康区开设的较著名的商号有李恒春、李鸿康父子的"同心德"，赵根润的"恒昌和"，何步青的"鼎天祥"，杨聚兴的"美聚兴"等。滇商贩出的主要是滇川边境一带的山货药材及云南的茶叶、皮革等，贩入的主要是川丝、会理布和一些日用品，国际市场需求甚大的麝香也是各家主营的商品。

一些云南行商到康定后自己没有开设商号，而是借助康定锅庄做生意，还有些坐商干脆把商号设在所住锅庄（锅庄是康区特有的集旅店、货栈、商贸中介等多种功能于一身的经营机构）。滇康间的商贸交流，推动了各民族间的交往，发展了友好和睦的民族关系，对促进康区社会经济的发展起到积极作用；但与此同时，"云土"（云南出产的鸦片）伴随着商人的马帮驮队大量进入康区，对近代康区各民族居民造成了一定伤害。

明清以来，丽江一带出现不少自养马帮、进入藏区经营的纳西族行商，人称"藏客"。他们每年春天前往思茅运茶，五月份进入西藏，一年一次，夏去冬回。经营货物主要是茶、糖、牛羊皮及山货药材等。

近代以后，以丽江、中甸、鹤庆等地商人为主的许多滇籍商人已从行商发展到坐商，实力逐渐增强，成为滇藏商贸交流的主力军。以滇西北商人为主的云南人在西藏开设的商号主要集中于拉萨，是近代西藏境内最有实力的商帮之一。清末，驻拉萨的内地商户有2000多户，"其中以滇人最多，川、陕人次之。"（洪涤尘：《西藏史地大纲》）民国初期，在英帝国主义阴谋分裂西藏的情况下，滇商在拉萨的商贸活动仍顽强持续，成为联系西藏与内地的重要

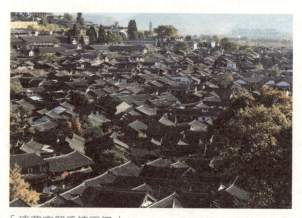

「滇藏商贸重镇丽江」

纽带。

　　滇商在西藏经商营生，在满足藏区人民生活需要的同时，也为支持西藏人民反对外国入侵、维护祖国统一、发展西藏近代文教事业作出了贡献。他们不仅利用川茶、滇茶与印（度）茶竞争，而且改良销藏紧茶的制作工艺，积极推行销藏茶产品的多元化，以满足藏区不同层次人士需要。这些方面的努力确保了内地产品在西藏市场上的份额，挽回利权，维系了近代特别是民国年间内地与西藏为数不多的经济联系。1904 年，在反击英帝国主义侵藏战争中，中国军队给养发生困难，丽江商人杨聚贤慷慨借资垫支，支持三月之久。清光绪三十二年（公元 1906 年），新任驻藏大臣联豫在拉萨推行新政，拟开办学堂、医馆等，杨聚贤又以各种形式先后捐助白银 7000 余两。

　　云南与缅甸、老挝、越南等国接壤，国境线长达 4000 多公里。西汉时期开发的"蜀身毒道"（身毒即印度），从成都经云南到缅甸、印度。云南很早就开始了与东南亚、南亚国家的贸易往来，边境一带早就有跨境经营的行商、小贩。到近代，滇藏商贸已不再是单纯的省际贸易，而是已发展成中、缅、印国际贸易圈中的重要组成部分。不少云南商人远赴印度经商，成为当地活跃的商贸力量，大大地推动了近代中外商贸交流。

　　缅甸是世界最大的玉石产地，产量占全球 90%，而翡翠却是由中国人最早开采并形成交易的。18 世纪末，云南商人开始与缅甸开展玉石贸易，从云南保山、腾冲到缅甸密支那一线的古驿道，被人称为"玉石路"、"宝石路"。1902 年腾冲的玉石进口量为 271 担，1911 年增至 628 担，1917 年增至 801 担。20 世纪 50 年代以前，缅甸出产的玉石几乎全部运往腾冲集散，占世界交易额的 90%，腾冲成为远近闻名的"翡翠城"。

「腾越翡翠城」

晚清时，边界重镇腾冲、河口、思茅、蒙自相继被辟为商埠，并在滇缅陆路边界实行免税贸易，云南的对外贸易与云南商帮同时得到前所未有的发展。

● 商帮多彩

活跃于七彩云南的滇商，除了像其他商帮一样有常见的地缘、业缘等标志外，还具有民族、身份、经商形式等多种标志。

如果按地域来看，大致有如下区分。

迤西商帮　迤西商帮包括大理附近及腾永各县的商号，其中又可分为鹤庆帮、腾越帮、喜洲帮。

鹤庆帮形成于19世纪后期和20世纪初期，以滇西鹤庆县的白族、彝族、汉族为主。除规模较大的商号外，还有中小商号300余家。

「云南大理古城」

腾越帮在迤西商帮中历史最久。公元1857年杜文秀建立大理政权时，大批腾冲汉族、白族、回族商人开设商号，腾冲成为当时滇缅边境货物集散地。公元1900年以前，腾冲县城有大小商号200余家。腾冲商帮与鹤庆商帮、临安商帮、四川商帮并称滇西四大商帮。

喜洲帮主要形成于20世纪初期，以大理喜洲白族为主。其中有名的严、董、尹、杨"四大家"规模较大；其他还有"八中家"、"十二小家"及数百家坐商、行商。

迤南商帮　迤南商帮包括建水、蒙自、个旧等滇南地区的商号，主要业务是出口个旧大锡，进口外国棉花、棉纱、布匹和其他百货。迤南商帮又可区分为建水帮、蒙个帮。

如果从民族构成角度来看，又可有如下划分。

回族商帮 回族擅长经商，自元代大规模进入云南以来，外出经商做工几乎成了他们世代相传的习俗。各商号大多有自己的马帮，拥有骡马少则百匹以上，多可达300多匹，著名的回族沙甸马帮最多时可达3000多匹。巍山、通海、寻甸、玉溪、永平、洱源、砚山、德钦的回族，也有相当数量的人从事马帮长途贸易。

白族商帮 白族商帮主要指大理地区以白族为主的商人群体。早在清康熙、乾隆时期，白族商人、手工业者就远到云南省内外以及缅甸等地活动。19世纪70年代，相当一批鹤庆白族商人去腾冲经营商号，经营对缅甸的进出口或开采玉石、宝石等。

「白族民居」

纳西族商帮 纳西族主要聚居地丽江地区是云南西北地区与四川、西藏和印度的交通孔道，滇藏贸易的枢纽，还是云南良马"丽江马"的出产地。早在唐宋时期，纳西族先民与吐蕃、南诏、大理等地的贸易已相当频繁。在近代，纳西族商帮成为丽江这个滇藏贸易重要中转站的主要经营者，基本垄断了滇、康、藏山货药材、皮毛皮革贩运，活动范围横跨滇、康、川、藏并远及印度、尼泊尔等国。商号大多拥有自己的马帮，远程贸易又促进了商帮的发展和壮大。

喇嘛商人 在云南，历史上还存在过一个特殊的商人群体——喇嘛商人。

中甸县归化寺兴建于清康熙十八年（公元1679年）。到乾隆五年（公元1740年）有喇嘛1226名，以后一直保持在1200～1500名。寺院占地面积500亩，有僧舍500余所、骡马

「归化寺」

2000 匹左右、青稞 300 万斤、枪 1000 多支，掌控着中甸的经济和政教大权。中甸立市后，归化寺喇嘛藏商凭借雄厚的政治、经济势力以及与康藏各寺院密切的关系，进行中国滇、藏与印度之间的贸易，逐步成为中甸经济和市场的垄断者。

1936 年 4 月 25 日，中国工农红军第二方面军进入迪庆中甸。5 月 2 日，贺龙等人应邀到归化寺拜访，将书写有"兴盛番族"的锦幛和礼品赠给活佛。

5 月 3 日，归化寺将 2000 多斗青稞（6 万余斤），还有盐巴、红糖售给红军。红军离开中甸时，归化寺八大老僧送给贺龙茶叶、红糖、大米、沙盐等，贺龙都付了银元。

「长征时的贺龙」

1950 年中甸和平解放后，人民政府允许喇嘛藏商继续正当的经商贩运。1957 年初，中甸开始全面进行土地改革，归化寺数百年来拥有的各种封建特权被废除，喇嘛藏商垄断中甸经济市场的历史就此终结。

滇商中有很多著名的巨商，其中有一位鼎鼎大名的"红顶商人"——王炽。

王炽（1836—1903），字兴斋，云南弥勒虹溪东门人。他开设商号、汇号，20 余年中积聚丰厚，号称"南帮之雄"。

光绪九年（公元 1883 年），法国进兵越南，提督鲍超会同云南巡抚岑毓英率兵援越抗法。岑请求王炽垫支军饷，王欣然答应。有人因与岑不和，暗地劝阻王炽。王炽答道，"倘若饷银不继，兵勇哗溃，大局将不可收拾。吾滇与邻越唇齿相依，越亡则滇不保也。区区私财尚何有耶？"他前后共垫银 60 余万两。后来岑、鲍军队回云南时，因撤兵勇急需资遣费用，王炽又主动垫银相助。岑毓英奏请朝廷赐王"急公好义"和"义重指困"匾额以旌表，并保奏捐赐四品道员职衔，恩赏荣禄大夫二品顶戴，

68 岁时的王炽

「王　炽」

诰封"三代一品封典"。

光绪十三年（公元1887年），云南矿务督办大臣唐炯派王炽为矿务公司总办。王炽十余年间筹划滇省铜、锡矿业，前后垫白银数十万两作开发基金，在出纳、周转中大获盈利。王炽不仅能运谋致富，以义聚财，又能以义用财。如：在弥勒境内南盘江上兴建两座铁索桥；重建虹溪书院，捐置学租田八十余石，并捐赠《古今图书集成》二部（四万册）；修筑虹溪街道，铺设昆明至碧鸡关石板路；在昆明购置弥勒试馆，以利本县士人赴省应考就学；捐赠本省上京会试举贡旅费卷金；设立牛痘局免费点种疫苗，等等。光

「三代一品封典牌坊」

绪二十六年（公元1900年）秦、晋两省大旱，他捐银二万余两赈灾，再获朝廷颁旨旌表。

光绪二十九年（公元1903年），王炽在昆明病故，归葬弥勒五山烟子寨。

巴山蜀水记忆长

四川位于长江上游，青藏高原东缘。商周时期，蜀国以成都平原为中心，巴国以嘉陵江为中心，这也是后来成都、重庆两个经济文化圈的起始。战国末年，秦灭巴、蜀两国而置巴、蜀两郡。汉唐时，成都成为四川盆地的经济文化中心，

「都江堰成就"天府之国"」

"蜀"成为四川简称。宋以后，长江航运的发展推动重庆发展，对四川的简称渐由"蜀"变成"巴蜀"并称。1997年，重庆成为中国第四个直辖市。历史上的"川商"包括重庆商人在内。

● 天下之盐

早在西汉时，张骞出使西域，在大夏（阿富汗）看到蜀布和筇竹杖，由此得悉四川商人早已从云南经缅甸去印度经商，与印度等国有频繁的贸易往来。

成都不仅是"市廛所会，万商成渊"的商业都会，还是通往关中、西藏商道的起点、古代西南地区的商业中心。唐宋数百年间，成都平原成为全国农业最发达的地区之一，手工业闻名海内，商业繁荣，与扬州几可并驾齐驱，时称"扬（州）一益（州）二"。大约在北宋真宗咸平年（公元 998—1003 年）初，成都开始发行"交子"。它是世界最早的纸币，比欧洲早六七百年。

「交子——世界最早的纸币」

茶马互市，所市之茶主要就是川茶与滇茶。商人、马帮长年艰苦跋涉，茶叶、瓷器、丝绸、布匹由川进藏；马匹、羊毛、皮张和药材出藏入川。

四川的盐业地位甚为重要，井盐历来是中原与西南少数民族贸易的主要物资。宋时，四川井盐生产遍及川中 60 多个县，盐业的兴旺直接催生盐都自贡。在太平天国、抗日战争时期多次"川盐济楚"，川盐既为解决国计民生难题作出贡献，也发展了自己。

> "蜀麻吴盐自古通，万斛之舟行若风"，杜甫的《夔州歌》反映了长江上下游商业联系的悠久和频繁；但是在古代，重庆在商业贸易上的地位长期落后于成都。

六朝以前，中国的经济重心在黄河流域，在四川与省外有限的经济联系中，与关中地区的联系又超过与长江中下游的联系。六朝以后，随着长江中下游地区的日益开发，中国经济重心逐渐移向长江流域，四川的商品经济获得较大的发展，这促进了四川内外交通的发展，尤其是对长江航道的开辟。

入清以后，随着四川与长江中下游大规模商业贸易的兴起，重庆在长江航运上的优势充分发挥，一跃成为四川以至西南最重要的商品集散地和贸易中心。到乾隆年间，重庆商业行帮已有25个，来自江苏、湖广、福建、广东、云南、贵州、陕西、河南的商贾络绎不绝。除水路外，重庆经涪陵、龚滩、龙潭转湖南常德、郴州入广东的陆路运输也迅速发展。在鸦片战争以前，重庆已成为长江上游最大的以转口贸易为主的商业城市。

「重庆，长江与嘉陵江交汇处」

重庆在清代就有"左右夹两江，上下十三帮"之说。到近代进一步发展成为规范比较严密、约束力较强的同业公会。到1901年底，重庆至少已成立了八省公所、买帮公所、行帮公所、盐帮公所、同庆公所、纸帮公所、酒帮公所、糖帮公所、绸帮公所、书帮公所、河南公所、扣帮公所等12家同业公会。到20世纪30年代，在长江沿岸的10余个商埠中，重庆已成为仅次于上海和汉口的商业中心。

四川商业活动历史悠久，川商一度创造辉煌历史，川人的许多优良品质为人公认。卢作孚与民生公司、古耕虞与"古青记"的"虎"牌猪鬃、杨粲三与聚兴诚银行，还有宝元通百货公司、五粮液美酒、桐君阁中药……都在商界声名显赫。

但是，纵观四川历史，与四川走出的大军事家、大政治家、大科学家、大文学家相比，商界之能称"大"者，不是没有，而是太少。就整体品牌而言，川商与徽商、晋商显然存在距离。

「古耕虞，著名"猪鬃大
王"，当年"虎"牌猪鬃几
乎垄断世界猪鬃市场」

「聚兴诚银行股票」

关心川商的人从多个角度探寻原因。

历史因素，战乱让商业薪火断代 四川是移民大省，无数次战乱，让四川人口锐减。"大姨嫁陕二姨苏，大嫂江西二嫂湖。戚友初逢问原籍，现无十世老成都。"这首成都竹枝词吟唱的是成都之痛，它是一座被彻底毁灭过的城市。曾经的商业繁荣在反复战乱中被反复毁伤，川商无法持续传承。

南宋末年，四川人口首次超过 600 万人。蒙古兵入蜀后，四川遭受长达半个多世纪的战乱，元至元十九年（公元 1282 年）四川仅剩下 12 万户约 60 万人。经明代 300 年的休养生息，又来了明末清初之乱。蒙元军、明官军、李自成军、张献忠军、吴三桂军、清军，再加上盗寇，无数次的战乱与滥杀之后，清初四川仅存 76980 丁（不含老幼、妇女）。川人都所剩无几，"川商"又从何谈起！每当有所积累，战乱又起，这无疑是川商中难存百年老店，鲜有大商大贾的重要原因。当沿海商帮明清兴起时，四川还在移民，休养生息；到民国前，沿海商帮延续到十数代时，川商至多不过三代。

地理因素，蜀道险峻挡住川商脚步 四川几千年的历史中，其对外联系特别是与中原地区的联系，主要依靠两条交通大动脉：由成都经剑门关到陕西的川陕陆路；由岷江、嘉陵江、长江而东南的水路。而与川陕陆路交通大动脉相衔接的米仓

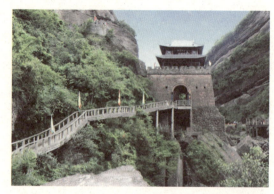

「剑门关」

道（今阆中至汉中）、洋巴道（今达州至安康）等，翻山越岭，十分艰难；由长江而东南的水路之艰险更是尽人皆知。一般商人在四川盆地内虽有作为，但很难影响到盆地之外。

产业结构先天不足　"天府之国"主要以农业为主，由于农业自给自足的特性及农产品的低附加值属性，很难形成大的产业和商人。历史上成都主要是文化城市，以消费性为主，并没有大的产业。既无产业支撑，出入川又艰难，要出大商帮、大商贾就很困难了。

历史上官府垄断导致川商无法发展壮大　在古代四川，茶、丝绸、盐是三大重要商品，恰恰在这三大产业中，处处可见政府垄断的身影，私人业者很难做大。

研究者也从川商本身寻找原因，例如由历史、地理等因素形成的各种"短处"。

其实，与"短"同时存在的，川商之"长"也同样彰显。例如特别能吃苦耐劳、特别实诚、勤奋、机敏、精细、低姿态，等等。曾经，川人被称为天下的"盐"。盐，第一是不可或缺；第二是从不张扬其事。但既然为盐，就早晚必定为人所识。

今非昔比，昔日影响川商发展的因素都在改变，当代川商正在做前辈没做过的事。新川商正在崛起，广为人知的便是刘永好与他的希望集团。1982年，刘永好与几位兄长辞去公职，卖掉手表、自行车筹到1000元，开始创业。现在，新希望集团已经成为涉足房地产、高科技、化工、金融等多项产业的多元化大型集团。2010胡润川渝财富报告：刘永好以250亿元财富居首，成为川渝首富。

四川多水，而且多由北向南，朝着共同的方向，川水是独特的。有学者认为，川商的精神应该是水的精神：刚柔相济，水滴石穿；海纳百川，有容乃大；上善若水，善利万物而不争。川商外表为"水"，内质是"和"。"水"的力量表现在锲而不舍、团结拼搏。"和"表示包容、接受、尊重和认可。新川商正以新的文化内涵、新的精神、新的形象走向明天。

◉ 不忘一人

如果说，历史上的川商不能与著名商帮分庭抗礼，让川商多少有些抱憾，那么，有一位川商领袖，大可让川商乃至整个中国商人引为自豪。

他是卢作孚，毛泽东曾经赞其为发展中国民族工业不能忘记的四位实业界人士之一。

卢作孚（公元 1893—1952 年），重庆市合川人，著名爱国实业家、教育家、社会活动家。他毕生致力于探索救国强国之路，在革命救国、教育救国、实业救国三大领域都有巨大贡献。

卢作孚自幼家境贫寒，小学毕业即辍学，15 岁前往成都，在刻苦自学的同时寻求救国途径。17 岁时他加入同盟会，投身辛亥革命。中华民国成立后，他先是致力于开展民众教育，后来转向实业和地方建设。他曾开展以北碚为中心的嘉陵江三峡乡村建设运动，让这一地区的社会经济和文化教育发生很大变化，成为民国时期众多乡村建设实验中持续时间最长、成效特别突出的一个，卢作孚也与晏阳初、梁漱溟一起被称为"民国乡建三杰"。

「民生轮船公司成立大典」

1925 年，卢作孚邀约友人集资创办民生公司，在整个家当只有一艘载重吨位为 70 吨的小轮船时，卢作孚为公司定下的宗旨是"服务社会、便利人群、开发产业、富强国家"，宣示了一个中国实业家的强国宏愿。当时，长江上游航运被外国轮船公司控制，为数不多的几家中国轮船公司濒临破产。卢作孚采取"人弃我取、避实就虚"方针，在从未行驶过轮船的嘉陵江开辟新航线，在管理上大胆改革，使公司站稳了脚跟，从嘉陵江发展到了长江。

从 1930 年开始，民生公司发起了"化零为整"运动，先后合并和收购了大批中外轮船。到 1935 年，民生公司统一了长江上游航运，将曾经不可一世的外国轮船公司逐出长江上游。

卢作孚以航运为主，综合经营并带动相关产业发展。他创建了西南最大的民生机器厂、宜昌船厂，并投资与发展航运业有关的企事业共 90 多个。到 1949 年，民生公司已拥有员工 9000 余人，江海船舶 148 艘，在长江沿线和沿海各港口包括中国台湾、香港，还有东南亚、美国、加拿大等地都设有分支机构。民生公司成为当时中国最大的民营航运企业，卢作孚被海内外誉为"中国船王"。

抗战爆发后，卢作孚立即向全公司发出号召："民生公司应当首先动员起来参加战争！"在他的指挥下，公司全体员工英勇投入到紧张、艰险的抗战运输中。卢作孚一生不愿做官，但在民族危亡的关键时刻却毅然站出来勇挑重担，出任交通部常务次长和全国粮食管理局局长，负责战时最艰难的水陆交通运输和粮食供应。

1937 年 11 月南京沦陷，国民政府宣布迁都重庆，确定四川为战时大后方。当时入川少有公路，更无铁路，只能走长江；而湖北宜昌以上的三峡航道十分艰险，从上海、南京、武汉来的大船都必须在宜昌停泊，乘客与货物必须换乘能走峡江的大马力小船方能抵达重庆，长江航运特别是上游航运形势顿显紧张。

1938 年 10 月，武汉失守，大批难民和从沦陷区运来的几乎包括全中国航空、兵器及轻重工业的机器设备，都积压在宜昌，急待撤往大后方。此时可供运输之用的仅民生公司 20 余艘轮船和其他公司的几艘轮船，按运力计算，运走这些人员与物资，至少需要一年时间。更为严峻的是，自10 月中旬起，长江上游仅有 40 天左右的中水位，较大轮船尚能航行，再过后便是漫长的枯水期。这也就是说，所有的人和货都必须在 40 天内运走。

10 月 23 日，卢作孚到达宜昌，连夜做出一份紧急运输方案。10 月 24 日清晨，他向各机构代表作出部署。

客运舱实行"座票制"，二等舱铺位一律改为座票，这

「民生公司第一艘轮船」

就可以增加一倍以上的客运量。降低收费，公教人员半费，战区难童免费，货物运费只收平时的1/10。

货运采用"三段航行法"：最重要和最难装卸的笨重设备，由宜昌直接运到重庆；次要的、较轻的设备，只运到万县即卸下，再安排其他轮船转运；更轻、更次要的器材，只运到奉节、巫山或巴东，留待以后再转运；有的甚至运进三峡即卸下，轮船当天返回宜昌。

三峡航段不能夜航，各船尽量夜晚装卸，抢用白天航行。在三峡航线增设码头和转运站，临时增加雇工3000多人以提高搬卸速度，同时征用民间木船850余只，运载轻型物资。

「一心实业救国的卢作孚」

卢作孚就这样以精细的计划和严密有力的措施争分夺秒，充分利用难得的40天中水位，最大可能地提高运输能力，争取时间，完成了被称为中国抗战史上的"敦刻尔克大撤退"。这一壮举保存了中国工业命脉，为抗战胜利和大后方建设奠定了基础。民生公司为此付出了惨重代价：16艘轮船被炸毁，117名员工英勇牺牲，61人受伤致残。

卢作孚身为当时中国首屈一指的航运公司总经理，还身兼几十家企事业的董事长，但他坚持只拿一份薪俸，其他收入都捐给了科学教育事业。他不吸烟，不喝酒，与员工一起在食堂吃青菜萝卜大锅饭。他甚至没有自己的房子，家里也只有借来的破旧桌椅、木床，家人有事要乘民生公司的船，都得照章排队购票。

1987年9月，94岁的梁漱溟写下《景仰故交卢作孚先生献词》，文中说："作孚先生胸怀高旷，公而忘私，为而不有，庶几乎可比于古之贤哲焉。"2008年，重庆评选历史名人，关于卢作孚的评语是："民生公司、北碚实验区、《卢作孚集》，其中任一项都足以改变历史，卢作孚正是这样一位改变历史而让中国人不能忘记的重庆人。"

中流竞渡

鄂、湘两省位居长江中游，同属楚国故地，自然资源与人文资源一样丰富，众多商帮、商人在这里如鱼得水；大汉口更以商业繁盛在当时名列"天下四聚"。

九省通衢看身手

武汉是湖北省省会，位于中国中部、长江中游、长江最长的支流汉水入江之处、中国交通"黄金十字架"长江与京广铁路交会点。得中之优，素称九省通衢。

「一桥飞架南北，把武汉三镇联成一体」

长江、汉水将武汉分隔成武昌、汉口、汉阳"三镇"。明中叶以来，在南方经济发展和资本主义萌芽的刺激下，汉口迅速发展起来，来自各地的商帮、商人在这里大展身手。

◉ 交通天下

清人刘献廷（1648—1695，地理学家）《广阳杂记》云："汉口不特楚省咽喉，而云、贵、四川、湖南、广西、陕西、河南、江西之货，皆于此焉转输。虽不欲雄天下，不可得也。天下有四聚，北则京师，南则佛山，东则苏州，西则汉口。然东海之滨，苏州而外，更有芜湖、扬州、江宁、杭州以分其势，西则惟汉口耳。"

到近代，武汉的洋务企业和民用工商业的发展更为全国瞩目。武汉长期是中国仅次于上海的经济中心，民国初年成立的汉口总商会曾是全国为数不多的几个大总商会之一，与京、津、沪总商会并肩而立，在诸多经济事务及政治运动中发挥着自己的作用。

大汉口商品品种多、数量大，以全国重要商贸中心的地位交通天下。据章学诚（1738—1801，史学家）《湖北通志检存稿·食货志》记载，明清时汉口市场上的商品来自全国各地，品种涉及当时所有的经济部门，共 18 大类，具体有名称者达 230 余种。其中纺织品约 60 种，盐、粮、茶、酒、药、鱼类等日常生活必需品合计 52 种，文具纸张、矿产品、竹木、毛皮、煤、炭等约 49 种，山珍海味、干鲜果品、香料、烟草、烟具等约 56 种，贵金属及珍奇玩好约 20 种。

从明朝开始，汉口镇商业以淮盐、粮食和竹木为大宗，是引盐、木料的集散地和漕粮的交兑地。在清朝前期，这三项均有所发展。

自明以来，淮南盐船从江苏抵汉口停泊，凡食淮盐的地方均由汉口分运，由淮南盐商批发给两湖各地的盐贩。清初户部规定汉口为"商船聚集分销引盐之所"，汉口成为淮盐销售第一口岸，以至汉口港区吞吐能力为之饱和，盐船码头扩张到武昌江岸。今汉口汉正街边有一条"淮盐巷"，清代督销淮盐的征税机构"督销淮盐局"便在近旁的

「汉口淮盐公所旧址」

武圣庙，汉口的淮盐商人也多集中在此居住和交易。

湖广漕粮在明清时期的运量一直不少，武汉是交兑口岸之一。后来除了运京漕粮（又称北漕），还要额征南粮（又称南漕、南米，或称荆州官米），以供地方驻军。要承担数量巨大的粮食运输，运力的开发和商务的大发展便顺理成章。另一方面，汉口港的商品粮食运输自明代以来就十分

「江上放排」

繁盛。清朝前期，两湖和四川盆地成为全国最大的商品粮产地，而以手工业发达著称的江浙地区粮食供应常常仰给于两湖和四川，汉口就成为重要的商品粮转运港口。乾隆末年一次大火，竟烧毁粮船一百余艘，可见粮船之多。

竹木是汉口商品市场的重要商品。自明中叶以来，川、陕、鄂西北、湘、

黔的木材源源不断地从汉水、长江漂簰到汉口。到清朝初年，竹木业盛况空前，汉阳鹦鹉洲和武昌白沙洲成为重要的竹木业港埠和市场，清代文人姚鼐为此留下"巨木如山写蜀材"的诗句。

汉口还是华中最大的棉花市场，规模与芜湖、上海齐名；安徽、江苏和湖北各地的棉织品，湖南的麻织品和江浙的丝织品充塞于汉口。

「十九世纪后期汉口码头」

湖北、湖南、四川、浙江、福建、江西、安徽、江苏、河南等地都是中国名茶集中产区，武汉正位于这个茶产区中心，来自四面八方的茶叶和茶商云集汉口。19世纪末叶，印度、锡兰（今斯里兰卡）、爪哇（今属印度尼西亚）等地的茶叶也开始进入汉口市场，汉口成为国内最大的茶叶港。公元1861年汉口开埠后，俄商在汉口开设砖茶厂，对俄茶叶贸易飙升，繁盛景象一直持续到20世纪初，当时没有其他城市可与汉口比拟。

1862年英国怡和洋行和德国礼和洋行首先在汉口设立分行，到20世纪初，仅汉口就有16个国家分别开设了140余家洋行。与此相对应，包括外国银行，钱庄、票号、钱铺、当铺等传统银钱业以及官钱局、中国银行这样三个方面构成的武汉地区近代金融业也发展起来。

繁盛的大汉口，吸引了几乎全国的商帮和商人，在清初已有行帮出现，清末民初，行帮增至近200个。行帮一般以会馆、公所为名，如江苏会馆、福建会馆、山陕会馆、钱业公所、瓷业公所、京货公所等；也有以所崇奉的神祇为名的，如三皇殿（药材）、鲁班阁（泥木）、孙祖阁（鞋）、轩辕殿（成衣）等。

行帮中，按地区分，较著名的有湖北帮（又称本帮）、汉口帮、湖南帮、江苏帮、宁波帮（又称浙宁帮、宁绍帮）、四川帮、广东帮（含香港）、江西福建帮、山西陕西帮（又称西帮，含甘肃）、山东帮、徽州帮、云贵帮、河南帮、天津帮等。

「江南三大名楼之长江边上黄鹤楼」

按行业划分，素有盐、茶、药材、粮食、棉花、油、广福杂货、纸（后含牛皮）八大行之谓。向下又可细分为100余行帮。

汉口的行帮各有自己的领地和经营范围：湖北帮长期以来主宰棉花、粮食、杂粮等行业；湖南帮则主营船运、木排、大米、铅矿、夏布、桐油、雨伞等行业；宁波帮以海产品及金银加工业为主；四川帮以药材、桐油为主；广东帮多经营洋广杂货、砂糖、葵扇、食品；江西帮多经营钱业、银楼、瓷器；山西及陕西帮经营金融票号、牛羊皮、羊毛；徽帮多经营典当、文房四宝（笔、墨、纸、砚）；河南帮多经营大豆、芝麻、药材、烟叶；云贵帮则经营生漆、木耳、桐油及烟土。药材在当时也是一个大行业，明末崇祯年间，河南怀庆府药农携带自产药材来汉，这就是最早的"药帮"。

在汉水、长江边，商业街因水而生，依水而盛，整天车水马龙，犹如江河奔涌不止，更如商业大擂台聚集天下英雄在此切磋。

汉正街

汉正街位于汉水北侧，与汉水平行，长达数里。明代成化年间这里渐成小肆，嘉靖后形成市镇，码头、渡口日益完备。它是汉口最早的"正街"，初称官街、正街，1926年改夏口县为汉口市，此街改名汉正街。这里商贾云集，寺、庙、庵、堂、会馆、公所比比皆是，是汉口最早的商业繁盛之地，并由此形成沿河一带商业中心，明清官署亦多设置于此。

汉口商业"上八行"

「老汉口第一街汉正街」

（商号行栈）、"下八行"（手工作坊）均聚集在此一带。明清时期，汉正街上段（即西段）以粮、什、油、棉诸业为主；下段（即东段）以药材、参燕、金银行业为主；中段则以百货、布匹、山货、海味、纸张等业居多。从集稼嘴（汉水入长江处）到黄陂街则是银楼、药材、匹头、海味集散地；鲍家巷到打扣巷，有官钱局、钱庄、字号、票号，是汉口金融中心。

> 1979年，汉正街在中国率先恢复个体民营经济，成为中国中部地区最大的小商品批发市场。多位党和国家领导人先后莅临视察，联合国组织及54个国家和地区的宾客来访。

黄陂街

黄陂街位于今汉口沿江大道北侧，与长江平行。这条街在明嘉靖以前便已出现。起初的商、民多为汉口周边的黄陂县、孝感县人，他们相聚成街，结帮经营，故称黄陂街。此街药材、参燕、匹头、棉纱、银楼、钱庄票号等名店大铺林立，盛极一时。

「今日汉口黄陂街」

黄陂街两厢多半是制作或经营某类手工制品的专业小巷。鲍家巷专制各类羽毛扇；绣花街专门刺绣种种戏装行头；袜子街以织袜销袜最为红火；大兴巷里的书柬铺、印字业与运输业兴旺；剪子街原以打造刀剪闻名，后来发展成糖果专业巷，打扣巷中的商户制作婚嫁佩戴的花朵、彩球；龙王庙则聚集了许多水果商；曹祥泰米行杂货店的商楼高踞江岸，屋顶上耸立着"警钟肥皂"的广告灯牌成为醒目的"地标"。

黄陂街周边的牛皮、桐油、猪鬃、棉花等行栈多经营进出口业务，报关行遍布其间。

黄陂街最出色的公益事业是保安公益救火组织。街的上段有财神庙的救火会，中段有宁平会馆的宁平救火会，下段有回龙寺救火会。这些不同商帮的消防组织，在装备的完善上互相竞逐，可见当时商贸之兴隆、商帮财力之雄厚。

打铜街

打铜街在黄陂街西侧。汉口铜器业有四大帮：生产日用杂器的"大货帮"、生产水旱烟袋的"烟袋帮"、生产锣钹响器的"响器帮"和专门经营铜器的"财神帮"。打铜街是"大货帮"的集中地，主要生产居民日用的铜盆、铜壶、铜墨盒以及供神用的铜烛台、铜香炉等。清宣统元年（公元1909年），武汉有铜器店800余家，汉口就占了700家。1918年汉口警察局对商户分类调查，汉口较具规模的铜器店有413家，大部分集中在打铜街。

「汉口打铜街今日成了菜市场」

一些工商业发达的城市，大都有以商品或行业命名的街、巷，而汉口（武汉）这样的街巷名特别多。例如棉花街、白布街、花布街、绣花街、芦席街、纬子街、剪子街、打铜街、打扣巷、板厂巷、砖瓦街、草纸巷、狗肉巷、筷子街、皮子街，等等。这些"以店（货）为名"的街巷集中经营或生产某类商品，其实也是以业缘为标志的商帮。例如打铜街，康熙十三年（公元1674年），汉口铜器行业的手艺人便在这一带修建了"江南京南公所"，作为铜锣坊、徽锁坊、铜镜坊、红铜坊、铜盆坊、喇叭坊等铜器业的敬神和议事之所。其他一些商业街显然也是具有行帮意味的，只是组织与活动形式较为松散而已。

◉ 义利分明

明清以来，汉口（武汉）在中国一直是领风气之先的商业都会。大汉口从容接纳所有大小商帮、商人，任由施展，毫无畛域之分、门户之见，而众多商帮的发展也成就了汉口的发展。在这个意义上说，"汉商"便是"在汉之商"，如同"沪商"便是"在沪之商"。

河南怀庆帮药商到汉口如到家，从一座药王庙发展到拥有以"药帮"命名的数条街巷。在汉口，徽州商人的紫阳书院（即徽商会馆）、山陕商人的山陕会馆、江西商人的万寿宫都是全国极有名气、规模极大的商帮会馆。湖南宝庆帮在汉口甚至形成一个聚居五万余人的社区，宝庆码头、宝庆街等名称沿用至今。

> 宁波商人宋炜臣创建的汉口既济水电公司，将自来水与电力引入市民生活，让武汉迈出城市近代化的重要一步，既济公司的水塔成为汉口地标。武汉许多美轮美奂的建筑物如金城银行、武汉大学主体建筑，则出自另一个宁波商人沈祝三与他的汉协盛营造厂。

武汉本地商人也曾在各个方面创造辉煌。如周仲宣（1881—1967），其父周庆春开设周天顺炉坊，同治年间曾为黄鹤楼、归元寺铸造铜顶和大

「人称"汉口第一商人"的宋炜臣」

「沈祝三，他的名字与武汉许多标志性建筑写在一起」

「周仲宣」

香炉鼎。周仲宣继承经营的周恒顺机器厂，研制生产蒸汽机、砖茶机、抽水机、制币机、小火轮等，是晚清湖北省最大的民营机器厂。再如叶开泰药店，享誉数百年，与北京同仁堂、杭州胡庆余堂、广州陈李济并称中国四大药店。武汉人说"叶开泰的药，吃死人都是好的"，这句俏皮话的真正含义是无条件地信赖。

关于武汉本地的知名商人还可以举出很多，但与"九省通衢"、"东方芝加哥"、"天下四聚"的商都形象相比，与同一时期的晋、徽、洞庭、宁波等著名商帮相比，本籍汉商整体形象却似乎不够清晰。这种情况在其他某些地区也同样存在，只是反差不似如此强烈。

正是由于汉口（武汉）作为全国中心市场如此繁盛，从总体上讲，本地商人走出去的愿望并不强烈。武汉人自嘲：武汉有座龟（归）山，让人一出门就思归。从经营特点看，本地商人经营的业务、商品相当分散，难以在某一方面集中力量；而且这些经营内容多为非官方授权的非垄断性行业，与政府关系相对疏远，加上汉口商人并不重儒求仕，这就使其活动层面单一，社会影响不免受限。

汉口成邑，在三镇（武昌、汉阳、汉口）中最晚。明成化年间，汉水改道从龟山北麓入江后，汉口始与汉阳一分为二。明嘉靖年间，汉口商业渐盛而"盖于全楚"，汉阳县乃设立巡检司管理汉口事务。清光绪二十四年（公元1898年），汉口方从汉阳析出，另设夏口厅（地位同县）。"汉口本地人"其实来自周边各地，正如一首竹枝词所说，汉口"本乡人少异乡多"，其地缘意识并不强烈，由地缘引发的抱团愿望自然也不强烈。

有学者认为，武汉商业文化或城市文化的重要基因是"码头文化"。一方面，"码头文化"有很强的开放性，处于九省通衢的武汉人包容性很强，绝不排外。无论东西南北、古今中外，人也好，货也好，以及生活习惯包括四面八方的饮食口味，都欣然接纳而毫无芥蒂。江、汉两条大河养育起来的武汉人，较少受传统束缚，喜趋新求变，甚至因为崇尚自由而乐于单打独斗。另一方面，"码头文化"又有缺乏坚守、坚持的一面，就像江河之水，来得快也去得快。

如同江河之水从不回头，武汉人喜欢说一句话叫"搭白算数"。搭白，就是应答、允诺之意，"搭白算数"是说只要答应了，就不食言，不反悔；而讲义气、重然诺正是"码头文化"的核心内容之一。若是义利之间有冲突，武汉商人会弃利取义，无论古、今、大、小商人，在这个方面都有充分的表现。

李本忠倾家治滩

李本忠（1759—1841），字凌汉，号尽己，汉阳大智坊（今属汉口）人。祖父往来川楚贩贸，在秭归城下泄滩舟覆身亡。父亲继承祖业，有一次也在泄滩覆舟，侥幸遇救脱险，但母亲在乍闻噩耗时已痛绝自尽。后来，父亲还是因货船在峡江翻沉而遇难。李本忠继承祖业祥兴商号，苦心经营20余年，成为"沟通川楚"的大行商。在积累了整治川江的资金后，他立即停止经商，倾其所有整治长江三峡航道。

当时施工手段十分落后，由于清廷严禁民间熬硝制火药，凿碎大礁石先要在石上凿洞，放进煤炭燃烧，烧到一定温度后浇醋让礁石开裂，然后再烧再浇醋，如此逐层剥离。仅渣波滩一处就用了 6 年时间才完工。从嘉庆十年（公元 1805 年）牛口滩、泄滩动工起，至道光二十年（公元 1840 年）鸡心石、大磨滩整治竣工止，李本忠及其子孙三代人，历时 36 年，共计治理 48 处险滩，培修多处纤路。据《汉阳县四川会馆会首请示勒石稿》及官方批文，治滩与治理纤道耗银十八万两有奇，治山耗银四万余两，总计二十多万两全部出自李本忠。

「航道艰险，纤夫艰辛」

> 李本忠是系统治理川江航道第一人，规模之大、历时之长、耗资之巨，均前无古人。清道光帝为李本忠赐书"乐善好施"，地方官建坊表彰。

公元 1837 年 2 月，清政府授予李本忠以四品道员衔。公元 1838 年，湖广两省十府联名，在四川巴县禹王宫内立碑，颂扬李本忠善行。同年 4 月，地方官员 70 余人及 16 家银号、八大船帮联名上书恳请为其立碑。

李本忠将多年治江资料整理成《平滩纪略》、《蜀江指掌》，两书共约 17 万字，记述治滩经历，重点总结长江三峡区段最著名的 25 处滩险的水文、地理特点，整治后的行舟经验。他"刊刻数千余本，遍送往来舟船"，临终时，犹以未能尽治险滩为憾。

「历经艰苦写成的《平滩纪略》」

刘歆生低调行善

刘歆生，原名人祥，咸丰七年（公元 1857 年）出生于柏泉（今武汉市东西湖区柏泉农场）。农家出身，曾入教堂学习英、法语。

公元 1877 年，湖北宜昌开埠，刘歆生出任太古渝报关行驻宜昌机构负责人。公元 1895 年，刘歆生任法国立兴洋行汉口分行买办，经营出口牛皮、桐油、芝麻、猪鬃、矿砂等大宗商品，40 岁时名扬汉口。1902 年，法国东方汇理银行在汉口开设分行，刘又兼该分行买办并自设阜昌钱庄。自 1900 年起他先后投资多家工厂、钱庄、矿山；到 1905 年年底，刘歆生累计在汉口购地大约 35 平方公里，而当时汉口建成区面积仅为 12.8 平方公里。1906 年，20 公里的后湖长堤（即张公堤）筑成，刘歆生取土填高地基，陆续筑成歆生一路、歆生二路、歆生三路等二十几条马路，并建成房屋、铺面租售，获利后再向新的地皮投资。刘成为汉口首富，人称"地

「刘歆生（中间老者）与后辈在一起」

皮大王"。

武昌首义期间，刘与其他商户一次即资助民军军费 100 多万元。遇有灾荒、兵祸或兴建公益事业，更是解囊相助。张公堤耗费 80 万元，刘歆生一人捐资 60 万元。湖南永州水灾、河南安阳旱灾、武汉戊戌年（公元 1898 年）大火灾及公元 1931 年大水灾，他皆随时备款与各绅商协同放赈。1923 年，为平息意大利籍教士梅神父一案，刘歆生捐出土地近 40 万平方米、白银数万两。

1927 年，武汉国民政府陷入财政危机，物价飞涨，失业工人 14 万之众，饥民有数日不食者，许多富商逃离武汉。5 月 17 日，《汉口民国日报》大幅刊出《省总工会拟具失业救济之办法》，宣告"刘歆生财产二千万元，除还债三百万及养老金一百万之外，愿全部捐给政府，由政府作修筑马路、拆卸城墙及补助各停工工厂开工之经费……"

刘歆生为人低调，自奉甚俭。他规定全家上下不得穿绫罗绸缎，一律布衣。1941 年 2 月，刘歆生在汉口去世，下葬时，无任何随葬品。

三湘涌动富国梦

湖南有湘、资、沅、澧四大水系，中国第二大淡水湖洞庭湖；内河航线贯通湖南 95%县市和 30%以上乡镇；由洞庭湖入长江，可以通达的地方就更多了。这一切为发展农业、交通运输业和商业提供了先天优势。

在三湘大地上诞生和发展起来的湖湘文化，是湖南人的精神支柱；与湖南的经济、文化环境相应，湖南商人也在中国商业历史上写下属于自己的篇章。

「 湖湘文化的策源地岳麓书院 」

◉ 昔日湘商

清代前期，湖南农副产品的商品生产有很大发展，为商品流通的扩大、商人的活动提供了物质基础，推动了湖南商帮形成。

湖南是产粮大省，充足的商品粮货源使粮食贸易、粮食加工业大为发展并拉动了整个商业的繁荣。湖南是新兴的产棉区，棉织业在清代发展很快。攸县、巴陵、耒阳所产棉布都行销省内外。茶叶、桐油、木材、竹也是湖南特产，向外输出的大宗。运输竹木的簰商，"每年架簰载舟，涉洞庭而抵鄂汉者，络绎不绝"，"编筏贩到汉口，岁可数万金"。

湖南矿产丰富。郴州有银、铁、铅、锡，宜章县有煤炭，兴宁县亦"煤炭盛出"；辰溪县多产铁矿，有生铁厂，"炒成熟铁，转运湖北汉镇等处销售"；耒阳县也采煤炼铁。此外，还有攸县的烟草、湘潭的鱼苗、华容的鱼鲞、岳州的香菇、兴宁的苎麻等，都是市场所需要的。

商品资源充足，许多湖南商人以至大商人由此产生。衡阳县刘重伟兄弟，以贩卖杉木致富，成为当地延续一百多年的大贾。郴州因采矿业的兴起与发展，富者迭起。桂阳的邓氏、彭氏即因开采银矿而起家。

商人以本地特产为依托，作为经营的起点，这与其他商帮并无二致；湖南商人的特别之处在于，外帮商帮虽然不少，甚至势力很大，本省商人不但未被排除出场，而且迅速结成团体与之激烈竞争并牢牢站稳脚跟。

湘潭粮食贸易繁盛，为了与外地商人竞争，湘潭本籍粮商筹资在康熙

「江南三大名楼之洞庭湖畔岳阳楼」

四十七年（公元 1708 年）建立"五谷殿"，乾隆十三年（公元1748年）又"纠行重建"，嘉庆年间，湘潭粮商"众坐行再修"，"五谷殿"终清一代成为本地粮商最大的行业性组织，也足以表明实力强大的湘潭粮商能成一"帮"。

又如湘潭的孙祖殿（清雍正年间），是本邑鞋店商人的行业组织；轩辕殿（清嘉庆年间），是本邑裁缝商人的行业组织。湘潭商人的组织，比较早地向同业性的行会发展。在永顺府的龙山县，除本地商人外，常德、长沙、宝庆、辰州四府的商人在此经商的很多，四府商人各自建立地域性的商人会馆。再如布匹方面，攸县布匹商贩运"潭、醴及江右吉、袁"等府，在湘潭者购买铺房，扩宽码头，旁通街道，用费数千余金，可见其实力。

湘商在省外其他地区，尤其是邻近一些省份也有发展。由于历史、地理上的原因，湘、鄂两省关系密切，湘商首先走向湖北。

清嘉庆初年，在汉口大水巷一带的汉水边，湖南宝庆府商人建了码头。当时宝庆帮船只尚少，加上往返路程远，所需时间长，没有留人留船长期看守，徽帮乘机占了码头。在起初的码头争斗中，宝庆帮连连败北，19世纪初，宝庆帮商人请出同

「今日汉口宝庆码头如此宁静」

籍京官侍读学士刘光南作强援。刘氏以连放三箭为范围，划定了宝庆码头和宝庆帮船民居住区。刘还亲自写了宝庆码头的木牌，插在界线上，将其他船只船民统统赶走。

徽帮并不甘心，此后屡有械斗。咸丰年间，宝庆帮与徽帮在宝庆码头

恶斗一天，双方死 10 人，伤者无数。宝庆帮获胜后乘势扩大地盘，将附近大片地域据为己有，宝庆帮商人以湘籍军政巨头为奥援保持了优势。

汉阳鹦鹉洲是长江中游的著名竹木交易中心，居民中湘人过半，形成了长沙、衡州、宝庆、常德、辰州五个州府包括湘、资、沅、澧四水流域的 18 个小帮组织，被称为"五府十八帮"，各帮商人建有所属会馆。在鹦鹉洲经营竹木的有"北帮"（湖北武昌、汉阳商人）、

「今日汉阳鹦鹉洲」

"南帮"（湖南商人）和其他帮口，南帮商人不断将北帮和其他商帮排挤出鹦鹉洲，逐渐形成对洲上主要滩地的独占局面。从咸丰、同治年间起，滩基之争就未停息。

在两广、云贵、四川，长江下游的苏皖地区也都有湖南商人的活动足迹。在苏州，最主要的是贩运粮米、煤炭。湘黔交界出产木材，从明代起就有商人"开板造船，载负至吴中则拆船板，吴中拆取以为他物料。"明人王士性（公元 1547—1598，浙江临海人，著名学者）《广志绎》还有如此记载：吴越地方的鲢鱼来自楚地，生长很快，但是长大了不能繁殖，"或云楚人来鬻者，先以油饼饵之，令不诞也"。

在上海，湖南粮商也有很大势力，这一点从光绪年间湖南米商所订立的《上海楚商杂谷业公议》行规中可看出。上海还有湖南岳州府平江县商人设立的平江公所，其所从事的行业可能是船业，经济实力不小。在安徽的芜湖，湖南商人在嘉庆前来这里的已不少。最初"旅芜者，船户最多"，这些船商，大都往芜湖运送米谷、木材、铁板或其他货物而来。晚些时候有湖南宝庆蓝山之煤，运芜发售，专为锻铁之用。

湘商在省外所设的会馆（含公所、公会），以汉口为最多。在昆明，有富丽堂皇规模宏大的湖南商人会馆；重庆禹王庙为包括湖南商人在内的湖广会馆；广东佛山则有楚南会馆；在河南邓州也有湖南会馆。

◉ 今看新姿

一百多年前，一位湘西人让湖南醴陵陶瓷蜚声中外。

熊希龄（1870—1937），字秉三，湖南省凤凰县人，曾任民国总理。

「熊希龄」

1905年，熊希龄从日本考察实业回来，看到湖南醴陵的陶瓷业因为生产工艺落后、资本不足、经营管理不善等种种原因陷入凋敝。他一方面提请湖南巡抚端方创办瓷业学堂，引进和开发新工艺，提高产品质量；另一方面组建瓷业公司，运用现代股份制企业形式重组生产厂家，提高经营管理水平。用了两三年时间，醴陵陶瓷工业获得新生，在1909年武汉和次年的南洋劝业大赛中，醴陵细瓷均荣获一等金质奖章。醴陵陶瓷声誉鹊起，中外闻名，销量顿翻数倍。作为一个行业，醴陵陶瓷与湖南的铁路、矿山、航运并称当时湘省四大实业。

今日新湘商用自己的努力进取，表达了他们对前辈的景仰。

1980年，深圳经济特区成立，头脑敏锐的湖南人率先见到商机，蜂拥而至，大街上到处都是寻找创业机会的湖南人。深圳400多家较大型企业由湖南人创业或掌控，2002年开始评选的"深圳市市长奖"，第一、二届均由湖南商人获得。

到广东沿海一带创业表现得最积极的，当数明清宝庆帮的后裔，即今天的邵阳人，特别是邵东人。20世纪90年代初，他们风闻将在惠州大亚湾建厂，于是呼朋唤友以亿元为单位携巨资到大亚湾发展，在大亚湾畔垒起一座崭新的惠阳城，人称"新邵东"。

湘商的快速发展得益于改革开放的浩荡春风。王填的"步步高"超市，不到20年时间，从5万元起家到连锁经营开设80多家门店，年营业额超过50亿元。而三一重工、中联重科的发展更是神速，十多年时间就把长沙打造成在全国有影响的工程机械制造基地。

湖南人凭着"霸得蛮、吃得苦"的精神，执着打拼，不懈努力，将湖湘文化的优良传统和湖南人的执着、聪明融入创业之中，一批湘商佼佼者脱颖而出。

中流竞渡

2007年9月26日，来自湖南省内外的湘商代表2600多人聚首长沙，共迎首届湘商大会，他们以"责任、创新、务实、和谐、诚信"作为当代湘商文化精神自律共勉，在《湘商宣言》百米长卷上签下自己的庄严承诺——秉承"心忧天下、敢为人先、经世致用、兼容并蓄、实事求是"的湖湘文化优良传统，着力打造湘商品牌，向世界展示一个充满活力的经济湖南。

在这次大会之前，湖南评选出了梁稳根等"十大魅力湘商"，其中有零售业的领军者、高科技行业的翘楚，为弘扬湖湘文化作出杰出贡献的文化商人，等等。这里简略地介绍梁稳根。

梁稳根，湖南涟源人，1956年出生。1983年，他从中南矿冶学院（现中南大学）毕业，被分配到国营企业工作，后来与袁金华、毛中吾、唐修国三位朋友辞去公职"下海"，自行创业。

「梁稳根」

"创业"从贩羊开始，失败了；然后做酒，也失败了；再然后做玻璃纤维，又失败了。屡战屡败，屡败屡战。1986年，他们成立了涟源茅塘焊接材料厂，这年9月收到了第一笔货款八千元。看到当时国家巨大规模的基础建设投入，梁稳根决定冲进向来只有国企才敢做的行业——重工制造。

1993年，梁稳根将企业更名为"三一集团"。凭借自主创新，三一研制的66米泵车、72米泵车、86米泵车三次刷新长臂架泵车世界纪录；还有世界第一台全液压平地机、第一台三级配混凝土输送泵、第一台无泡沥青砂浆车、亚洲首台1000吨级全路面起重机、全球最大3600吨级履带起重机……三一稳步走向世界。

梁稳根曾经说，"我的梦想是种植一块中华民族工业的试验田，铸造中国的世界名牌"，梦想一天天变成越来越清晰的现实。

三一的多个产品成为中国第一品牌；混凝土泵车全面取代进口，连续多年产销量居全球第一；挖掘机械打破外资品牌长期垄断的格局，实现中国市场占有率第一位。2012 年，三一重工并购混凝土机械全球第一品牌德国普茨迈斯特，改变了这个行业的竞争格局。

> 三一连续获评进入《福布斯》"全球最具创新力的 100 家公司"、《财富》"最具创新力的中国公司"、中国企业 500 强、中国最具竞争力品牌、中国工程机械行业标志性品牌、亚洲品牌 50 强。

2005 年和 2010 年三一两次荣获"国家科技进步二等奖"，2012 年荣获"国家技术发明奖二等奖"，成为新中国成立以来工程机械行业获得国家级最高荣誉的企业。

在国内，三一建有北京、长沙、上海、沈阳、昆山、乌鲁木齐等六大产业基地。在海外建有印度、美国、德国、巴西等四大研发和制造基地，业务覆盖全球 100 多个国家和地区。

「三一的混凝土泵车」

在世界大舞台上，三一展现了"中国制造"新形象。2010 年，智利圣何塞铜矿发生矿难，33 名矿工被困 700 米深的地底，救援现场有三一重工自主生产的可起吊 400 吨的履带起重机。2011 年，日本福岛核电站发生泄漏事故，三一重工赠送了臂长 62 米的泵车，帮助向核电站注水降温。

梁稳根先后获评"优秀中国特色社会主义事业建设者"、CCTV "中国经济年度人物"、《福布斯》"中国上市公司最佳老板"等许多荣誉。《理财周报》发布的 2011 年度 3000 中国家族财富榜单中，梁稳根家族以 598 亿元摘得中国首富桂冠。

现在该解释一下"三一"命名——"创建一流企业，造就一流人才，做出一流贡献"，这是今日湘商秉持湖湘精神，产业报国的奋斗目标，它如此浪漫，如此真实。

大江东去

赣、徽、苏、沪三省一市都属长江下游地区。

鄱阳湖烟波浩淼,小舟摇出江右商帮;古徽州山道弯弯,走来徽州商人;太湖包孕吴越,苏商不同凡响。

在长江入海口处,一个小县因商而兴,变身为国际大都市。

世人瞩目江右商

江西省因公元 733 年唐玄宗设江南西道而得名，又因省内最大河流赣江而简称赣。江西省是中国重要粮仓，棉、茶、油、麻、水果等经济作物也有相当规模，矿产资源丰富，文化底蕴深厚，古今名人辈出。"物华天宝"名不虚传，"人杰地灵"实至名归，江西商帮为世人瞩目理所当然。

◉ 本小行远

明清时候，多将江西称为江右，江西商帮也被称为江右商帮。

江右商帮的主要社会构成，有弃农经商者，弃儒经商者，继承祖、父业者这三类人群。江西商人大多家境贫寒，借贷是江西商人最主要的资本来源。借贷主要在同乡、邻里特别是亲友之间。除高利贷外，借贷年息一般不超过百分之十。

出身贫苦、资本微薄这一基本特征与其他相关因素，决定了明清江西商人活动的几个明显特点：人数众、资金少、活动地区广、经营行业多、渗透力极强但竞争力较弱。

> 江西商人中最常见、最大量的经营方式是个体经营，而整个家庭仍是以农业为本，以商补农。于是男子外出，女子持家；或父兄外出，子弟持家，就成为江西商人家庭的基本分工。

独自经营，父子、兄弟相偕经营，家庭、家族内部有计划分工，构成江西商人经营方式及家庭分工的三个层次。江西商人还往往以亲族、同乡或同行业关系组成区域性商贩集团，以降低长途贩运的风险，这被称为"客帮"。这并非股份制形式下的合资或集资经营，而只是一种松散、临时性商贩结合体。在这类结合体中，商人有各自经营的商品货物，其中如有人亏负或发生意外，则众人共同扶持帮衬。这种"同帮不同本"，实际上是同乡或同行业之间的互助形式而非经营方式。也有同本贸易的，多发生在亲友、同乡之间，相互之间一般要承担经济上和道义上的责任。在此基础上，伙计制度在江西商人中也有所发展，这是商品经济和商业资本发展的必然结果。所谓"伙计"，按照明人沈思孝的解释就是："其合伙而商者，名曰'伙计'。一人出本，众伙共而商之。"

「江南三大名楼之赣江边上滕王阁」

江西商人经营的商品多是人们日常生活必需品如粮食、布匹、木材、纸张、瓷器等，这也是与他们的资本状况相适应的。江右商帮中并不是完全没有巨商大贾，如临川人李宜民，家贫，父早丧，持一伞一笔外出谋生，后来竟成大盐商、官商，督理广西、云南一带盐务数十年，富比王侯。但从总体上看，本小行远，是江西商人的主要特征。

湖广是江西商人的主要活动地区。江西商人到汉口十分方便，当时汉口的盐、当、米、木材、药材、花布六大行业中，皆有江西商号；尤其是药材业，江西清江商人所占份额尤为巨大。汉口的江西会馆万寿宫气度不凡，便是一个标志。

地处南北冲要的长沙、湘潭、衡阳，也"以江西人尤多"，当地留下一句俚语，"（江西人）一个包袱一把伞，跑到湖南当老板。"

明代兴起的竟陵（今湖北天门县）皂角市，居住着大约3000人口，本地人仅为一成，均从事耕作；七成来自江西，绝大部分经商。地处湘黔边境的会同、洪江，湖北的郧阳、钟祥，也有大量江西商人。

由荆湖溯江而上，四川的夔州、重庆、叙州诸府，乃至岷江上游的松潘、涪江上游的梓潼，均有江西商人活动的记载。在有文字记载的四川省一百零一州县及成都、重庆二府的外省商人会馆中，江西会馆多达二百余处，居各省首位。

西南人口稀少的云、贵，是江西商人活动的又一主要地区；而且还不限于城镇，只要是有村落的地方，不管是汉人居住区，还是少数民族区，都有江西商人。

福建、两广也遍布江西商人足迹。在盛产武夷茶的建宁府，茶农茶商几乎都是江西人，每年早春二月，总有数十万江西人来到这里。广东潮、惠等地棉纺业所需棉花，有一半左右靠江西商人从饶州、南昌等府运来。吉安布商有在广州、佛山等地设立"粤庄"者；连州、高州等地有关于江西商人施放子母钱的记载；广西桂林、柳州、浔州、太平、镇安等处，江西盐商、木材商、药材商活动频繁。尤其是梧州，江西商人在这里所开商号有百十家。

地处中原的河南及北方各省，同样遍布江西商人的足迹。陕南山区历来是流民汇集之处，清陕西按察使严如煜说这里土著居民不到十分之一二，其余的皆来自湖广、广东、安徽、江西，而江西流民则多从事工商业活动。

「《松窗梦语》」

北京是明清时期全国的政治经济中心，明人张瀚《松窗梦语》说："今天下财货聚于京师，而半产于东南，故百工技艺之人亦多出于东南，江右为夥……"明代各地在北京的会馆见于文献者有 41 所，其中江西有 14 所，居各省之首。清光绪年间，北京有会馆 387 所，江西为 51 所，比重虽少于明朝，但仍居各省之首。

南直隶（相当于今江苏、安徽二省）、浙江，是明清时期商品经济最为发达的地区，江西商人十分活跃。大别山区盛产药材，成为江西清江药商的重要采购点。浙江山区多产蓝靛、苎麻、纸张，江西商人亦深入山区采购。

明成化时，在云南姚安府（今云南楚雄），江西安福县和浙江龙游县商人数万人活动，乃至引起官府注意。在临安府（今红河哈尼族彝族自治州及通海、华宁、新平、峨山等县），也有许多江西商人。王士性（公元1547—1598，浙江临海人）在明神宗万历时为云南腾冲兵备道，在云南看到很多江西人特别是江西抚州人，开始以为他们只在城市经商，后来发现凡有人群处就有江西商人。他因而得出结论：“滇云地旷人稀，非江右商贾侨居之，则不成其地。”抚州籍学者艾南英则说，其乡“富商大贾，皆在滇云”。

更为遥远之地如辽东、甘肃、西藏，江西商人也携货往返，乃至在那里娶妻生子，终老异乡。南丰县商人夏某多次出入西藏，往返贸易，最后病死于藏东，竟然被其子寻来扶柩东归，可见这条商道也是江西商人的熟路。

景德镇瓷商则往往远涉重洋，出海贸易。明成祖永乐（公元1403—1424年）时，有“饶州人”程复以琉球国中山王长史的身份与明朝使者接触。据史料记载，程复是明初经商至该地定居的，很可能是景德镇瓷商。南城、万安萧明举等商人经商至满剌加（今马来西亚马六甲州），到明武宗正德年间，以该国通事的身份到北京公干，仍不改旧习而暗地做生意。王士性在万历年间曾派人巡视缅甸，使者行程近万里，历时两个月，回报说当地只要有居民点，其头目往往就是江西抚州人，多为经商而至定居。

◉ 起落有因

19世纪五六十年代至20世纪二三十年代，自明初起独领风骚的江西商人在活跃了五百年之后黯然退场。

花开花落，无非因果。

南唐两宋时期，江西经济文化上升，人口众多、物产丰富，农业和手工业发展，使得江西本省的商品经济较为活跃，也为江西商人外出经商提供了物质基础。到明代，人口过剩、土地兼并，耕地不足问题日益加剧，加上繁重而不均的役赋和洪武时政府强制性大移民，江西省内经济发达区大量农民脱籍外流，其中相当多的人改而从事贸易，形成人数众多的江右商巨流。元朝末年，中原及其边缘地区、江苏北部战乱旷日持久，社会经济遭受巨大的破坏，而江西破坏较小。江右商大军便在这个时期形成并迅速流向全国各地，占领了广阔的市场。

从明到清，政府长期实行海禁，国内南北贸易与对外贸易主要依靠运河—长江—赣江—北江这一水上通道。这条通道全长 3000 多公里，流经北直隶（相当于今北京、天津二市及河北省）、山东、南直隶、江西、广东五地，在江西境内占三分之一。这使得江西在国内、国际贸易中处于极为有利的地位。

江西商人注重信息，把握行情，精于筹算；善于揣摩消费者心理，迎合不同层次需求；讲求信誉，以诚待人；艰苦创业，俭约持家，这一切对商帮的成长壮大有很大作用。到明后期及清代，随着北方各地社会经济的恢复和各地商人的崛起，江西商人资本分散、竞争力较差的弱点逐渐暴露。江西籍官员数量的减少及退出中央决策圈，也使得江西商人的活动缺乏政治权力的保护，一些本由江西商人垄断或控制的行业和市场，不得不开始让位于其他地域性商帮。

「曾国藩，曾经以江西为军费筹集地反击太平军」

19 世纪五六十年代及 20 世纪二三十年代，江西两次经历长时期的战火蹂躏，江西商人赖以生存的主要商品如茶叶、纸张、木材等生产受到严重破坏，景德镇瓷业一度停产。曾国藩不仅以江西、安徽作为扼制、反击太平军的基地，更以江西为军费筹集地，五年之间在江西征得白银八百四十万两，占湘军全部军费一半以上。这个数字接近清政府在嘉庆年间为镇压白莲教起义而在两淮盐商中征取的全部"捐输报效银"，即使是素称富有的两淮盐商也难以承受，何况是小本经营的江西商人。

清代中期，因水土流失严重，赣江水运发生困难，运河的淮河—黄河段因黄河泛滥及改道而淤塞，运河—长江—赣江—北江这条国内主要南北水道被拦腰截断。更加上京汉、粤汉铁路修通后，南北运道改走两湖、河南，江西成了陆运和海运的"盲区"。交通格局变化在引致人流、物流、信息流、资金流"改道"的同时，极大地影响了江西商人的观念更新。

鸦片战争以后产生了大批通商口岸，外国资本开始渗入沿海、沿江及内地，江西除了少数手工业品仍有一定市场外，一度居领先地位的传统手工业品已无法与洋货及沿海地区的工业品竞争。

江右商帮本身的局限性也阻碍了自己的发展与及时转型。

江西商人存在着仅以脱贫为经商目标、资本分散、小本经营等先天不足的问题。长时期以个体经营为主要方式，使得本来就分散的资本难以集中。观念上的束缚，更成为江西商业资本积累的重大障碍。有学者做过抽样分析：明清时期江西抚州府经商人口较多的 6 个县 69 名商人，共利用商业利润进行 109 项投资，其中置办田产、赡养家人、资助亲友的生活性投资 23 项；兴义塾、助科举、救灾赈荒、修桥铺路等社会性投资 84 项；而开矿冶炼等产业性投资仅有 2 项，占总量不到 2%。商业资本萎缩，这无疑对江西商人的发展十分不利。

江西重功名、轻工商的观念根深蒂固。小有积累的江西商人一旦摆脱贫困，便将资金投放于后人举业，或者花数百上千两银子为自己及子弟捐个空头官衔，以改变在家族及社会中的地位。截至太平天国起义之前的清代，资本并不雄厚的江西商人，以捐钱为手段而获得的国子监监生的名额，竟居全国首位。

「中国古代著名四大书院之江西白鹿洞书院」

江西商人固守的一些传统美德，在体系上都属于正统儒家思想，它有利于农业社会的巩固，却不利于商业社会的形成。不少商人在稍致赢余、略有成功之后便不思进取，不再冒风险去拓展经营行业和范围，而以"知足常乐"、"能聚能散"为境界追求。如著名官商、临川人李宜民常说："物聚必散，天道然也。且物之聚，愁之丛也。苟不善散，必有非理以散之者。"另有些商人，则从自己坎坷的经历中消极地领悟出"有财当散"的人生信条。瑞昌董伯益因商致富，儿子被乱军挟持而去。他在花费千金赎回儿子后说："千金活汝，亦几杀汝！"于是散尽家财周济穷困，自己仍旧去鄱阳湖撒网捕鱼，安安心心做穷人。

经商难免有些经济纠纷，但江西商人多以"息事宁人"为信条。如新城商人邓兆龄，"尝置产，某绅居间，为所绐，空费千金。或劝之讼，辞曰：'吾但破钞而已，讼即累某绅名也。'"宁愿自己荡产破财，也不愿告官滋事。此外，出贷而不责偿、焚券还质的例子在江西商人中也时时可见。他们这样做，主要就是"无为后人留争端"，这与经济领域的公平原则、契约精神、法律意识形成鲜明对比。

「古训：百善孝为先」

"父母在，不远游"历来作为孝道的重要内容，这在江西商人中也有突出表现。如新城县从明后期开始已是商业较发达地区，经商条件很好，但仍有许多商人不愿远行，原因便是"惮于弃父母妻子"。武宁柯性刚精医术，又兼营药材，人劝其出门，他说："吾舍母，吾早以技致富矣"，始终不出远门而清贫一生。广丰吕以埘做生意，有人劝他远行以获重利，他笑着说，"母心所乐，不在厚利也"，始终安于平淡。

江右商大量人数的经商活动，缓解了江西长期以来人口对土地的压力，也改善了许多家庭的生活状况；他们多以本地土特产品为依托，这也刺激了江西本土农副产品的商品化及手工业的发展；江右商还对一些大都市的繁荣和西南及其他落后地区的开发起到重要作用。但是另一方面，江右商整个商业活动始终停留在以商补农、以商脱贫的低层次上。商人资金的回归，巩固了江西的小农经济结构，强化了家族观念和宗族势力。从江西商人的整个活动看，基本上没有跳出传统商品经济的范畴，也看不出有向近代资本转化的迹象。

徽州商风五百年

徽商指徽州商帮，不是泛指安徽籍商人。徽州，是指从北宋宣和三年（公元1121年）以来的"一府六县"——徽州府所辖的歙县、黟县、婺源（今属江西）、休宁、祁门、绩溪。在将近800年时间里，这六个县一直稳定地隶属于古徽州。

徽商有三条主要商路：由新安江而下至富春江、钱塘江，到苏浙沪商品经济繁荣地带；由青弋江进入长江，再循长江东西穿梭或入长江支流南北往来；三是沿着大运河北上——三条商路都离不开水。得水之利，徽商纵横江湖五百年。

● 驼行悠悠

1945年、1953年，中国文化名人胡适先后为江苏溧阳新安同乡会、台湾绩溪同乡会题写条幅——"努力做徽骆驼"、"我们是徽骆驼"，用骆驼来比喻能忍能耐能远行的徽州人。在历史上处于创业进取阶段的徽商，正是"徽骆驼"的典型，他们以数百年的脚印写成一部长篇"骆驼行"。

徽州人称"八山一水一分田"，力田不足维生，人们充分开发其他资源，植茶、造纸、制墨，形成了徽州土特产丰富和手工业发达的经济特色。徽州还是个"移民社会"，

「胡　适」

许多人原是中原士族或其后裔，素质较高，这便有了"走出去"的愿望和可能。到南宋时，一些资本雄厚的大商人已在徽州境内发行"会子"，代替现钱流通；到元代，徽州商人资本已具有相当规模。

"前世不修，生在徽州，十三十四，往外一丢"，徽州人小小年纪就要出门"学生意"。行走天下的徽州人，随身带着充饥的徽饼和绳索。"身带三条绳，万事不求人"，货物散了、扁担断了，掏出绳索就能解决，不至于因小事耽误大事。绳索的最后用途是上吊，实在走投无路时，商人宁肯客死他乡也不愿做"茴香萝卜干"（与"回乡"、"落魄"谐音）。

明初改革盐法，行"开中制"，即开边、中盐。具体办法是：商人在大同仓缴纳一石米（大约今天的 107.4 斤），或在太原仓缴纳一石三斗米，政府发给一张"盐引"（官府发出的凭证），商人到江浙相应盐场领取一引盐（200 斤），到指定区域去销售。在这一过程中，盐价折抵米价，转运费代纳盐引税（盐税）。这等于是让商人用往边区转运粮食的辛劳，换取对盐的经营权。"开中制"主要实行于山西、陕西一带，晋、陕商人就近纳粮占据地利，一直是最大受益者。明成化、弘治以前，虽有徽州商人参与，但为数不多。

弘治五年（公元 1492 年）将纳粮改为纳银，称为"开中折色"（米、豆等实物称"本色"，改纳银称"折色"）。允许商人在盐产地两淮、两浙直接纳银换取盐引，以江南为活动中心的徽州商人因地近两淮盐产地而大得便利。原来经营典当、粮食、棉布、丝绸的商人纷纷进入盐业。徽州商人以盐业为中心，开始雄踞于中国商界。

徽州商帮于明成化、弘治年间形成，明嘉靖至清乾隆、嘉庆年间达到鼎盛，成为明清时期"十大商帮"之一。徽商活动范围遍及东西南北，尤其是长江流域的城镇，至今有"无徽不成镇"之说。远至日本、泰国及东南亚各国，甚至葡萄牙等国家，都有徽商足迹。

徽商的活动并不限于大中城市，在全国广大乡镇农村，他们也异常活跃。明清时期江南市镇的大量勃兴，就是徽商经营活动的结果。万历《嘉定县志》记载，由于徽商侨寓，南翔镇一片兴旺发达景象，后来由于镇上无赖骚扰，一些徽商不得不迁移他处，南翔就此衰落。罗店镇原来很冷清，由于徽商前来贸易顿显繁荣，几乎超过南翔。一衰一盛，都因徽商。这正像胡适曾说过的："一个地方如果没有徽州人，那里只是一个乡村，徽州人来了，便变成了市镇。"

明成化以前，徽商以经营"文房四宝"、漆、木、茶叶和粮食为主。成化以后，范围扩大，涉足行业多种多样，以盐、茶、木、典为最著，其次为粮食、棉布、丝绸、纸墨、瓷器，还有人参、貂皮、珠宝、古玩和刻书出版。也有经营小本生意的，如开饮食店、杂货店，以及肩挑背负的小贩。可以说，徽商无业不营，其中婺源人多茶、木商；歙县人以盐、典为主；绩溪人多营饮食业和茶业；休宁人多典当商；祁门、黟两县以经营布匹、粮食、茶叶、钱庄、南北货为多。

明代中叶以后至清乾隆末年的三百余年，是徽商发展的黄金时代。无论营业人数、活动范围、经营行业、商业资本，徽商都居全国各商人集团之首，商业资本已达到惊人的程度。

徽商以资本分上、中、下贾，百万为上贾，二三十万为中贾，余为下贾。徽商聚会时，"上贾据上坐，中贾次之，下贾侍侧"。徽州盐商资本最充实，清乾隆时，巨商资本以千万计，其次也有数百万。万历《歙县志》称，歙县以经营盐业起家的巨富，都是从数十万到百万。清代两淮盐业八总商，仅歙县商人就占了一半。清初两淮盐纲课税只有九十余万两白银，加上织造等课，也只有一百八十余万两，乾隆三十八年（公元1773年），歙县江春等盐商为资助平定金川军需，一次就捐银四百万两。

徽商中有许多传奇式巨商，"红顶商人"胡雪岩通过小说、电视等已为大众所知，这里简略地说说江春，他比胡雪岩早

「乾隆皇帝」

一百多年。

江春（1721—1789）字颖长，号鹤亭，歙县江村人，是清朝乾隆年间的一位大盐商。江春的祖父江演、父亲江承瑜都在扬州经营盐生意，并且做到了"总商"的位置。江春以堂弟江昉的儿子江振鸿为后。江振鸿继承江春事业，到他的儿子江镛那一辈于道光年间破产。江春家族业盐历经康熙、雍正、乾隆、嘉庆、道光五朝，计100多年。

江春原是秀才，乾隆六年（公元1741年）乡试不第后就继承父业经营盐业。他"练达明敏，熟悉盐法"，很得盐政官员器重。他在担任总商的四十多年里，"才略雄骏，举重若轻"，"以布衣上交天子"，深得乾隆宠信，家有资产2000余万两。

乾隆皇帝六下江南，每次都在扬州逗留，江春每次都参与接待，乾隆对他很满意。第二次时（公元1757年），乾隆解下随身的金丝荷包赐给江春，还授予他内务府奉宸苑卿的职衔。乾隆二十七年（公元1762年），江春又获授二品布政使官衔，比胡雪岩光绪四年（公元1878年）被授布政使衔早110多年，是清代徽州更早的一位"红顶商人"。

「传说江春一夜在扬州瘦西湖造起白塔」

乾隆三十年（公元1765年），为了迎接第四次南巡，江春在扬州修筑了净香园。乾隆为之御书"怡性堂"匾额一幅，又赐给福字金玉如意。

江春在扬州城东南有康山草堂，乾隆第五、第六次南巡时，都驾幸这里，并且说这里是他在扬州平山堂之外又一个可以休息的地方，为此给江春赐匾额、赐诗。

在别人眼里，这一切太值得艳羡了，江春却很清楚商人与官府的实质关系。他说："奴才即使有金山银山，只需皇上一声口谕，便可名正言顺地拿过来，无须屈身说是赏借。"皇权至上，私权等于零，商人随时有不虞之灾，何况财产？

　　乾隆三十三年（公元 1768 年），震动朝野的大案——两淮提引案印证了江春的隐忧。事情由新到任的两淮盐政尤拔世因为向商人索贿没有得逞挑起，江春把事儿全揽在自己身上，保全了一众盐商的性命。晚年的时候，江春已经不能靠自己的资本运营，不得不借皇帑以维持。乾隆五十四年（公元 1789 年），这匹老骆驼终于倒下。

◉ 沉浮论道

　　清道光十二年（公元 1832 年），两江总督陶澍在两淮一改实行 200 余年的"纲盐法"而行"票盐法"，凡是缴纳盐税的商人，均可凭票销盐，徽商失去垄断盐业的优势。清廷迫于财政困难，又严追历年积欠的盐课，更使许多徽州盐商破产。盐商是徽商的中坚，盐商失势使整个徽商势力大为削弱。

「徽州民居」

　　太平天国期间，长江中下游是太平天国与清军的主要战场，长江运道受阻，沿江贸易不能正常进行。徽人之中，"向之商贾今变而为贫民，向之小贩今变而为乞丐"。徽州是太平军同清军激烈争夺的地带，许多富商聚居的村落、城镇遭受战祸。曾国藩驻师祁门，"纵兵大掠，而全郡窖藏为之一空"。徽州经此浩劫，"男丁百无一二，有妇女随人不计一钱而任人选择者"，徽商损失惨重，于此可见一斑。

　　　盐、茶、木、典是徽商安身立命的四大主业，在国内竞争日趋激烈、外国资本与商品渗入中国、战乱影响、交通运输条件改变、官府盘剥日益加重等多重因素之下，四大主业以及丝、棉、粮食等其他行业都呈现消退、萎缩。

衰颓之象已现，徽商却基本上还是停留在传统的行业、技能和经营方式上。光绪二十三年（公元1897年），两江总督刘坤一借鉴国外经验，明令以机器制造外销茶，徽州茶商却以费多效微为由激烈反对。在其他商帮图新求变之时，徽商守成多而创新少，在这样一个此消彼长的不等式下，徽商的整体能量和影响力自然日渐缩小。

清光绪年间，以学问知名的宗室大臣盛昱（公元1850—1899年）如此论述："乾隆盛时，扬州盐商供巡典、办年贡而外，名园巨第，络绎至于平山；歌童舞女、图画金石、衣服肴馔，日所费以钜万计。官以商之富也而朘（剥削）之，商以官之可以护己而豢之，在京之缙绅，往来之名士，无不结纳；甚至联姻阁臣，排抑言路，占取鼎甲，凡其力之能致此者皆以贿……"

徽商与封建势力如此互相依存，当大清王朝日暮途穷时，便应了这样一句话——皮之不存，毛将焉附！

"忽喇喇似大厦倾，昏惨惨似灯将尽"，光绪中叶以后，徽商终于慢慢走向尽头。

徽商留下的东西太多，并不仅仅是嗟叹。

将徽商与徽文化发展轨迹对照观察，二者极盛期在时间上相当吻合：新安理学始于南宋，元代、明代中前期最盛；新安医学启自东晋，盛于明清；徽派朴学始于明末清初，清乾隆年间达到顶峰；新安画派始于元代，明末清初独具风格；明万历年间，徽派版画登峰造极；明清时期，徽派建筑最为兴盛；徽派盆景始自五代十国，明清时期达到高潮；徽菜始于南宋，明清时期自成体系；明万历年间，徽剧形成自己的风格……徽文化的积淀、升华都与徽商的滋养密切相关，徽商促进文化的作用没有其他商帮可以相比。

「新安医学大家汪机」

在明清十大商帮中，徽商个性显著，既

因厚重的文化支撑而在商帮历史上占有独特的一章，也因沉重的文化负担加快了自己衰退的脚步。程必定先生对此有精到分析。

对徽商产生深刻影响的文化，是具有地域特色的"徽文化"，徽文化内容丰富，归纳起来可以分为三大体系：观念文化、制度文化、地域文化。

观念文化是意识形态层面的文化，它的核心是儒家思想，从思想理念的层面推动徽商繁荣发展。徽州人外出经商谋生，"弛儒而张贾"是不得已的选择，在经商中总以多种方式与封建衙门保持密切的联系。经商获利后，他们又"宁弛贾而张儒"，利用雄厚的资财，重振儒业。在儒、贾两个方面，徽人"一弛一张，迭为相用"，官与商互助，成为徽商的一大特点。在封建社会条件下，这正是商业集团取得成功的社会政治条件。徽商以儒商为荣，笃信"生财大有道，以义为利，不以利为利"，以诚待人，以信接物，仁心为质，和合为用。程朱理学的价值观、义利观渐成徽商的经营理念，对徽商繁荣发展影响深刻巨大。

制度文化从家族和社会层面推动徽商的繁荣发展。中国封建社会长期存在着"双重统治格局"的制度体系，即封建朝廷的上层统治和基层组织的社会统治，亦即"国"与"家"的统治。两者的统治通过以儒家思想为代表的封建文化在深层次上的联系而牢固地连接起

「徽　剧」

来，史学界称之为"家国同构"。徽州商人以家族宗族乡族为纽带，表现出很强的团队精神，以家族宗族乡族为基础的制度文化对徽商繁荣发展有巨大作用。

地域文化或乡土文化从个人素质层面推动徽商的繁荣发展。徽商经商致富后，更加热衷于乡土文化建设，在家乡投资办学、刻书、藏书、建戏班、办文会，给后世留下宝贵的文化遗产。繁荣昌盛的徽州地域文化抚育了一代又一代的徽商，而徽商的发展又为徽州地域文化的繁荣提供了丰厚的物质基础。在浓郁的地域文化熏陶下，徽商的个人文化素质比较高，对

「 宏村承志堂,其木雕费时数年,仅表层装饰就用去黄金百余两 」

徽商繁荣发展起着极为重要的基础性作用。

徽文化有历史的贡献,也必然有历史的局限。徽商的衰落有多种复杂的原因,但与徽文化的局限性也有密切的关系。

受观念文化的影响,徽州商人在社会进步的条件下,仍然背负封建理学的思想包袱。当中国进入近代社会时,许多人仍将故里理学的义利观继续视为商业成功之道,固守传统的经营理念,依附封建社会的经济体系,没有将商业资本转变为产业资本。他们走"以末致财,用本守之"的老路,仍将大量的商业利润流向进贡官府、购置土地、奢侈消费乃至建祠堂、修坟墓、叙族谱等方面,在封建社会的末期仍然充当坚定的封建制度卫士。受观念文化的局限性束缚,徽商在历史转变关头丧失了发展机遇,走向衰落也就不可避免。

受制度文化的影响,徽州商人极力维护家族宗族乡族对基层社会的统治格局,这既限制了徽商的发展力量,又分割了商业利润。长期固守家族宗族乡族的狭隘联系,单凭一家一族经营,这就限制了自己的发展。徽商的企业形式还是一种落后的家族组织形式,家族宗族乡族之间的商业关系只处于"联谊"状况,没有跨过资本联结这个"坎"。大量的商业利润不是转向产业资本,而是流向家族宗族乡族的消费性投资方面,从而严重地消解了资本增值能力。徽州上一代商人艰辛创业所积累的资本,往往是向子孙均分遗产。遗产均分制分散了徽商的商业资本,与资本主义的积累走势完全相反。以家族宗族乡族为核心的徽州制度文化的影响,必然会加速徽商的衰落与消亡。

受地域文化的影响,徽商的行为理念有很大的封闭性和保守性。地域文化或乡土文化需要与时俱进,才能具有时代的新鲜活力,为社会发展和时代进步服务。徽商"好儒而贾",但所好之"儒"是日渐落后之"儒"、排斥先进文化之"儒"。在义学、书院里培育出来的后代难以应对时代发展对徽商的挑战,不能担当扭转徽商衰落的大任,加上其他多种多样的社会经济因素，徽商的衰落也就具有必然性。

在徽商处于上升时期，文化的精华因素起主导作用；在徽商处于下落时期，文化的糟粕因素在起主导作用。真正的"徽商精神"应该是"徽骆驼精神"。早期的徽州商人特别能吃苦，特别能耐磨，他们在商业竞争中"一贾不利两贾，两贾不利三贾，三贾不利犹未厌焉"，从而由小做大、由弱做强。这种如骆驼般的自强不息、负重进取的精神，是一种不因时代变迁而褪色的中华民族的伟大精神。至于那些封建理学的保守性、封闭

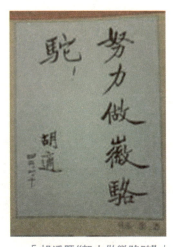

「胡适题"努力做徽骆驼"」

性和自私性，以及亦贾亦官、以官通贾、以贾求官的行为观念，都应作为糟粕而唾弃。

苏商从容出太湖

江苏省东临黄海，有海岸线 954 公里；境内长江东西横穿 425 公里，京杭大运河南北纵贯 718 公里；中国五大淡水湖江苏有其二（太湖、洪泽湖）；此外还有大小河流 2900 多条，湖泊 290 多个。有水的滋润、水的便利，鱼米桑蚕得其所哉；交通运输挥洒自如。中国经济重心南移之后，"天下大计，仰于东南"，江苏的经济社会发展在中国一直名列前茅。

在陶朱公载酒泛舟的太湖之滨，苏商底气十足，从容登场。

◉ 洞庭两山

明代中后期，在今苏州市西南太湖中的洞庭东山和洞庭西山，形成了一个著名的商人集团——洞庭商帮。东山为伸入太湖之半岛，西山在太湖中，这是两个面积都仅有八九十平方公里的地方，洞庭商帮也因此成为地域范围最小的一个商帮。

洞庭两山地方狭小，虽然桑蚕、橘（名品"洞庭红"）等经济作物生产经营的水平很高，但土地承载能力毕竟有限。乾隆《苏州府志》引《具

区志》记载："湖中诸山，以商贾为生，土狭民稠，民生十七八，即挟赀出商。楚衡齐鲁，靡远不至，有数年不归者。"

东西山大姓并且为商帮骨干的都有迁徙背景，如王、席、金、叶、翁、严、万、毛、蔡、徐等。不少人家有做官从商的经历，其思想、文化、见识异于当地人。洞庭商人之脱颖而出，正是地理环境、物产及移民所致的多元文化综合所致。

洞庭商人活动地域、经营商品和活动方式与当时的很多商帮不太一样。他们不与其他大商帮如晋商、徽商在盐、茶、木、典等行当争胜；而是审时度势、扬长避短、稳中求胜。

「 朱家角镇，洞庭东山商人经营活动的起点 」

粮食是洞庭商人的老家及当时整个江南地区紧缺的生活资料，丝绸和棉布则是江南地区生产量最多、销路最广的大宗手工业品，这些都与民生息息相关、不可须臾或缺。洞庭商人从这种经济格局的实际出发，主要经营布匹与粮食两大类商品。

东山商人主要活动在大运河沿线，以江南松江府的朱家角镇等地为起点，以运河重镇山东临清为终点。他们将负有盛名的江南标布输向华北、西北、东北，运回江南需要的棉花、杂粮、梨枣、药材等，与徽州、山陕布商一起，平分明清时期北方地区的布匹市场。

西山商人主要活跃在长江沿线，以苏州为起点，南京、汉口、长沙是最重要的据点。他们将江南的丝绸、棉布销向华中、华南，还几乎垄断了

「 洞庭西山人家 」

湖南所产棉布的销售。在长江这条线上从事粮食绸布经营的，当时只有徽州商人与之不相上下；而在米粮贩运方面，洞庭商人可能势力更在徽州米商之上。

盐、茶，还有一些与边疆互市的商品一向被朝廷专营或严加控制，经营这些商品既能因官府的特殊政策而暴发，也容易因官府的百般苛取而骤落。洞庭商人经营米粮、布帛，与官府保持一定距离，因此，当时最为富有的不是洞庭商人，最早落败及至退场的也不是洞庭商人。从这个意义上说，洞庭商人之路，可能是传统商帮较为正常和有普遍意义的道路。

洞庭商人宗族观念非常强烈，即使移居或落籍他地，日常生活往往仍然不出家族范围。洞庭人的婚姻关系局限在本地，而且固定在少数几个姓氏之间。《震泽编》称，凡"嫁女娶妇，不适他境，皆近村"，"山中著姓，世为伉俪。"《葛氏宗谱》称，"洞庭旧俗，男女婚嫁不出东西两山中。"如明后期东山大商人家族翁、席两氏就世为婚姻。血缘加地缘，更为强固了宗亲关系。在经商活动中，以家族或亲族群体的力量活动，经营者也易于积累资本，扩大实力，商业资本不易分散。

洞庭人中有不少士族大姓，但他们并不独钟仕途，或是严守传统只认耕读二字，而是能仕则仕，能商则商；科场不利，即上商场，许多大姓即是商帮杰出代表。

王氏家族　王氏为东山望族，其家有子逵（字惟道）、谨（字惟能）、敏（字惟贞）等五人，四人综理于外，一人独理于内，治家井井有条。特别是王敏，很早就对社会有较多了解，熟悉经营之道，"故江湖豪雄尊为客师，至今言善理财者，必曰惟贞公。"王逵的儿子也继承祖业，"货殖留亳，积十余年，不顾家，身无择行（没有不合法度的行为），口无二价。"王氏这一族王鏊中进士后为大学士，贾儒相间，是典型的儒商家族。

翁氏家族　东山翁氏始于随宋室南迁的承事公，世代为农，间营小商。到明中期七世孙毅和其子永福时，父子为商，成为以山东临清为活动中心的经商家族。

　　永福的两个儿子翁参和翁赞在明正德、嘉靖年间，贸易南北，因为经营得法，每到一地总能获利数倍。其后以清源（今山东临清）为经营的中心地，前后40年，名满天下。在清源疫疾流行，死者相藉之年，兄弟俩大行善举，建义冢，葬遗骸，义声震动齐鲁。回江苏后，又以家财招募乡勇，抵御倭寇，保护家乡免遭蹂躏。

　　翁参五个儿子中的翁笾和翁壘，翁赞三个儿子中的翁爵和翁鼎，都集中在清源经营布业，翁家的经营规模达到鼎盛时期。翁参长子翁笾商业信誉极好，当时人称"非翁少山（翁笾之号）之布勿衣勿被"。三子翁壘在清源，"建一议，处一事，能惊其老辈。又善与时消息，知贵贱穰恶吉凶之征，群从事无巨细决策公口，而奇羡且十倍矣。"

　　翁家称雄布业的局面一直到明亡。清初，翁氏势力趋于衰落。

「洞庭东山席氏始祖席温将军亭」

　　席氏家族　翁氏衰后，崛起的是东山席氏。东山席氏的始迁祖，是唐末因避黄巢之乱而由关中南迁的武卫将军席温。到席左源、席右源兄弟时，席氏名声大著，不到20年积资巨万。凡是江南的梭布、荆襄的土靛，往来车船"无非席商人左右源者"，以致"布帛衣履天下，名闻京师、齐鲁、江淮。"席氏兄弟乐善好施，明万历二十七年（公元1599年），席氏倡率东山许、翁、万诸大商家，在布业重镇朱家角捐资兴建慈门寺，设置义冢。

　　清末，席氏后人中出现一个"买办世家"。

　　公元1853年，20岁的席嘏卿到上海钱庄做学徒，公元1857年，比他小5岁的弟弟席正甫也来到上海，他们的后母沈氏之兄沈二园那时在上海开钱庄。兄弟俩有了一些积蓄后，也学着舅舅开钱庄。公元1860年席嘏卿进了英商麦加利银行，为会计司出纳。

　　公元1874年，席正甫进入汇丰银行，从最底层的"跑街"做起。这一年，清政府由福建船务大臣沈葆桢出面，向汇丰银行提出"福建台防借款"，数额达 200 万白银之巨。汇丰银行大班让时任买办的王槐山负责接洽，王槐山将这件事交给席正甫。席正甫周旋于政界、商界，最终促成了这笔借款。条件十分苛刻，清政府必须付出高出行市几乎一倍的利息，并以盐税作担保，分 10 年还清。

「上海汇丰银行」

事后，席正甫得到上万两银子的好处费，还有清政府赐给的四品顶戴；汇丰银行提拔他为大买办，并且一做就是 30 年。1904 年席正甫去世之后，他的儿子席立功继任汇丰银行买办；席立功 1922 年去世后，他的儿子席鹿笙又继承了他的职位，席家祖孙三代在汇丰银行买办的位子上坐了 55 年。在半个多世纪的时间里，席氏三代共有 11 人在外商银行做买办，如果加上席氏姻亲，这个大家族先后有 30 多人担任买办之职。

洞庭商人与徽商被人合称"钻天洞庭遍地徽"。"钻天"之意，最初更多地是形容洞庭商人不择巨细、不辞辛劳、不惮奔波。鸦片战争后，在作为金融中心的上海，洞庭商人以钻天之术进入买办业、银行业、钱庄业等金融实体和丝绸、棉纱等实业，走上了商业资本向工业资本发展的道路，其"钻天"方向更为向上而行。

洞庭商人将在金融业中获得的利润投资于实业，在近代上海工商实业中占据一席之地，苏商中的南通张謇、无锡荣氏兴办实业，算起历史渊源来，应该与洞庭商人是有联系的。

◉ 南通一人

在长江入海口北岸，有一座美丽的城市——南通。

南通有"一山一水一人"的说法。山是狼山，倚千里沃野，临滔滔大江，挺拔秀丽；水是濠河，如精致的翡翠项链，环绕南通老城区；人是张謇，中国近代实业第一人。

「狼　山」

张謇（公元 1853—1926 年），字季直，号啬庵，江苏通州（今南通）人。张家世代务农，直到张謇的父亲时，才在务农之余兼营一个制糖作坊。

同治八年（公元 1869 年）张謇考中秀才。公元 1885 年，张謇参加顺天府乡试，取中第二名举人，此后四次会试却都铩羽而归。公元 1894 年，慈禧以六十寿辰特设恩科会试，张謇难违父命，第五次进京应试，得中一甲第一名即状元，循例授六品职翰林院修撰。就在这一年，甲午战争爆发，北洋水师惨败，大清被迫与日本签订丧权辱国的《马关条约》。国耻沉重，这成为张謇以后立志"实业救国"的思想契机。

1896 年初，总理衙门奏请谕令各省设立商务局以促民族工商业发展，两江总督兼南洋大臣张之洞奏派张謇在通州（南通）设立商务局。张謇接到张之洞"总理通海一带商务"的委派之后，决定利用当地优势，兴办大生纱厂。

张謇起初准备将大生纱厂定为商办，不料大多数富商对投资实业缺乏兴趣，只有少数人入股，数额很小。张謇与上海的沈燮均等六位绅商合作，商定以 100 两为一股，在通州和上海共集 8000 股，置办纱机 2 万锭。但由于资金不能完全到位，实际能够投入的仅 50 万两，张謇不得不另想办法。张之洞在 1893 年曾为成立南纱局从英国采购了 4.08 万纱锭，由于计划改

「张之洞」

变，长期闲置在上海杨树浦码头，张謇把它们以 50 万两官股入股的方式接收下来。这样，大生纱厂就成为一个总资本 100 万两的官商合办企业。

1898 年 5 月 23 日，处于严重资金困境中的大生纱厂勉强试机投产，虽然开机不足万锭，但当时正遇通海地区行情攀升，机纱销路很好。大生纱厂开工第一年获纯利 38721 两，第二年增至 118936 两。1907 年，大生纱厂投资 86 万两购买了纺纱机 2.6 万锭，在江苏启东开办了大生第二纱厂，进入发展的黄金时期。

为降低成本，张謇准备自己解决纱厂的原料问题。1901 年 12 月，通海垦牧公司基建工程正式开始，以开垦荒地的名义向政府购买了苏北 12 万余亩滨海荒地。谁知这块土地的权属纠纷十分复杂，张謇用了 8 年时间，才最终解决。1910 年，垦区工程基本成形，招租垦种进展顺利，承租者达 1300 多户，人口达 6500 余人。公司试垦的美棉、通棉等在南洋劝业会展出，获得优等奖牌。此后棉花生产规模进一步扩大，从根本上解决了大生纱厂的原料问题。

「张 謇」

1901 年以后，已经辞官、专事实业的张謇开始了多元化、大规模的投资扩展，创办了很多新企业，包括农垦、机器、交通、食品、印刷等，形成以大生纱厂为核心企业的民族资本财团——大生企业系统，这是中国民族工业发展史上的第一个资本财团。

这些企业大都以大生纱厂的生产经营为核心，或直接为大生纱厂服务，或依托于大生纱厂获取利润。通海垦牧公司是大生纱厂的棉花原料基地；资生铁厂原是专为大生纱厂修配机件而设；泽生水利总公司辖下的大达内河小轮公司、大达外江轮公司、大中通运公司、达通航业转运公司、泽生船闸公司等主要是为大生纱厂提供航运服务；懋生房地产公司则专门买地造房，为大生企业集团职工提供宿舍租赁服务。相互依存、相互关联、紧密型的企业系统大大提高了集团的经济效益，并且还带动了整个地区社会经济的发展。

1920 年前后，大生企业系统进入鼎盛期，是当时中国民族工业中实力最为雄厚的企业集团，资本总额达到 3348 万元。

"父教育，母实业"是张謇的重要思想。20 世纪初期，张謇借助大生企业系统的雄厚实力，兴办了多家新式学堂。

1903 年 4 月 27 日，通州师范学校举行了开学典礼。这是一所主要培养小学教师的中等师范学校，张謇聘请了包括著名学者王国维等在内的一些高水平教师。通州师范分设本科（四年制）、速成（二年制）、讲习（一年制）各科，并附设实验小学，后来又陆续开办了测绘、蚕桑、农、工等科，还建立了农场、博物苑、测绘所等。

张謇主张多向学生传授实业知识，学生走向社会后能很快成为有用之才。他创办了上海吴淞商船学校、铁路学校、南通纺织专科学校等，培养了一大批学以致用的中等专业人才。他还不遗余力地支持一些著名学校的创办，如复旦学院、震旦学校、中国公学等，张謇都曾倾注心血。

从 1903 年创办南通师范学校起，张謇在通州地区先后开办了大学 1 所、专科 6 所、师范 3 所、中学若干所、小学 315 所，通州的文化教育总体水平在全国名列前茅。南通师范学校、通州女子师范学校、南通博物苑等，都开全国风气之先。张謇还积极从事通州地区的文化、卫生、慈善事业，1906 年开办育婴堂，1912 年先后开办南通图书馆、南通医院，1913 年开办养老院。

张謇的成就是多方面的，作为中国最早的民族实业家之一，他一手创办的大生集团是中国民族工业的第一个大企业。他以状元之身毅然下海，倡导并力行"实业救国"，为中国民族工业发展树立了榜样。他是状元中的实业家、实业家中的状元，空前绝后一人。

20 世纪 50 年代，毛泽东说，"（中国）最早有民族轻工业，不要忘记南通的张謇。"

◉ 荣氏三代

明代后期，在常州、镇江地区的盐业经营中，无锡商人已经以群体出现。崇祯十五年（公元1642年），在一起由40名盐商联名向官府控告遭受勒索的案子中，无锡商人不仅为首，而且人数占到将近一半。进入清代，无锡商人云集于全国最大的工商城市苏州，主要从事生猪贩运、面馆业并分别建有会馆，以乡邦商人群体的姿态展开经营活动。

无锡面粉商人在乾隆时已经很活跃，上海开埠成为全国最大的通商口岸后，无锡商人又向上海发展，将集中于老家无锡的米粮源源输往上海，并成功地经营丝茧等业。无锡商人就近、集中地在苏州、上海地区活动，显示出稳健扎实、步步向前不断发展的特点，成为诸多地域商帮中一支富有特色、不容忽视的商帮。进入近代，其势力更有大的发展，学者称其"可以说是一支随着近代轻工业粮食加工业而不断获得发展的商帮"。

从晚清开始创业的荣宗敬、荣德生兄弟，正是从粮食加工起步的。

荣氏的老家在无锡市西郊荣巷，现在的荣巷已经并入市区，一条约400米长的老街，青砖黛瓦的老房子无声地讲述着荣氏数代的创业传奇。

「荣宗敬」

荣氏兄弟祖上为官宦之家，到祖父荣锡畴这一代家道中落。父亲荣熙泰很小就在铁匠铺当学徒，长大后做过多种差事，勉强养家糊口。1886年，荣宗敬年方14岁，辍学到上海南市区一家铁锚厂当学徒，比他小两岁的弟弟荣德生则在私塾读书。

三年后，荣德生也去了上海，此时荣宗敬在上海一家钱庄做学徒，于是介绍弟弟也进入通顺钱庄做学徒，后来他们与父亲一起开设广生钱庄。

广生钱庄开业不到两年，收益相当好，荣氏兄弟却没有满足于眼前。他们发现进口商品中数量最大的是面粉，而国内面粉厂当时却仅有天津贻来牟、芜湖益新、上海阜丰以及英商在上海的增裕等四家。他们认定面粉行业大有可为，于是带着钱庄盈利回到了无锡。

「荣德生」

1902 年，无锡西门外的古运河边，保兴面粉厂投产。此时的保兴有 4 部法国石磨、一台 60 马力的发动机、雇工 30 多人，每天生产 300 多包面粉，是当时国内已开工的 12 家面粉厂中规模最小的。荣氏兄弟招怡和洋行买办祝兰舫等人入股，把保兴面粉厂改组成茂新面粉厂，向怡和洋行订购英国 18 英寸钢磨 6 部，增建三层楼新厂房。茂新面粉厂每天可生产面粉 800 包，质量也大大提高。日俄战争爆发后，东北地区面粉需求量与日俱增，而此时沪宁铁路的锡沪段正好建成通车，茂新厂赶上了重大商机。大量茂新面粉由铁路运上海再转海轮运东北，获利丰厚。

从 1914 年至 1922 年的 8 年间，荣家的面粉产业发展迅速，产量占到当时全国面粉总产量的 29%。到抗日战争时期，荣氏面粉厂已达 14 家并创出"兵船"名牌，荣氏兄弟成为名副其实的"面粉大王"。

荣氏兄弟的新选择是扩大经营范围，投资纺织工业。面粉纺织，吃穿必需，不愁销路，容易盈利；面粉包装需要大量布袋，纺织生产需要大量面粉浆纱，正好"粉纱互济"，两头的成本都能有效降低。1915 年，兄弟俩筹资 18 万元创办申新纺织公司，在上海、无锡、武汉等地一共开办了 9 家棉纺织厂，顶峰时期拥有中国 24% 的纱锭，成为"棉纱大王"。

荣氏企业在"以投资求发展，以规模获效益"，"开工力求足，扩展力求其多"这样的经营理念指导下运转，在经营管理上别具一格。在创办申新厂时，一反当时中外实业界通常采用的股份有限公司形式，而采取权力高度集中在企业经理手中的股份无限公司形式。这种做法风险很大，但符合他们的经营理念。

荣氏企业视人为生产力之第一要素。荣德生信奉"以德服人"，也以此要求管理人员。他聘请管理人员并不强调是专家，而着重在有诚心，能以德服人而不是用严厉手段管人。他说，"工人无训练，则出品不佳"，工厂办了晨（夜）校，扫除文盲，提高文化知识。技术教育也形式多样，有职员养成所、女工养成所、机工养成所、短训班等。荣氏企业有各种传习所，工人可学习多种技能，一旦失业能以一技之长谋生。

荣德生创办了一所文化教育与职业技术教育结合的专门学校——公益工商中学。学校里分工科、商科，学生可自由选择，在"实学实做"的教育理念下，培养学生的实干精神和能力。学校有学生自治会，实行学生自我管理；设有工场，供学生实习。学生毕业后大部分进入荣氏企业做技术工人、管理人员，也有出国留学或进入银行者。著名科学家钱伟长、经济学家孙冶方，便曾经是公益工商中学的学生。

荣氏兄弟先后在家乡无锡创办私立江南大学、公益小学、竞化女子小学、公益工商中学（后改为公益中学）、大公图书馆等。荣德生先后出资或募资兴建的公路有开原路、通惠路、

「无锡梅园」

锡苏路（无锡至苏州）、锡江路（无锡至江阴）等。1912 年，荣德生出资并亲自经办，在无锡西郊东山和浒山之间辟建梅园；1929 年又在无锡小箕山购地建造锦园。这些园林与无锡其他名人所建的园林，让无锡成为一座被花园簇拥的美丽小城。

江南地方水网密集，荣德生联合热心地方公益事业人士成立"千桥会"，计划为无锡及邻近地区造桥 100 座。《无锡市志》载，"民国 17 年（1928 年）起，荣德生、陆培之、薛南溟、祝兰舫等组成'千桥会'（后称'百桥公司'），集资建造大公桥等。至民国二十六年（公元 1937 年），共建成大小桥梁 88 座，因日军侵占无锡而中止。"至抗日战争结束，荣德生先后出资 20 余万元，与"千桥会"新建、助建、改建桥梁共102 座。1934 年，荣德生六十寿辰，他将贺寿礼金拿出建成五里湖上的宝界桥，这座桥长 375 米，宽近 6 米，有 60 个桥孔，被誉为"江南第一桥"。

1938 年 2 月，荣宗敬因脑出血症复发，病逝于香港。

1949 年国民党政权倒台前夕，荣德生与儿子荣毅仁毅然留在了大陆。

1952 年底，荣德生在无锡辞世。他为无锡梅园题写的联语——"发上等愿，结中等缘，享下等福；择高处立，就平处坐，向宽处行"成为儿子荣毅仁等后人的座右铭。

> 1954 年，荣毅仁率先向上海市政府提出将自己的产业实行公私合营，"红色资本家"的称呼由此得来。

「荣毅仁」

在"文革"中，荣毅仁与中国工商界众多人士一样受到冲击，在周恩来总理的保护之下，他坚持到了改革开放后的大好时光，迎来事业的巅峰。在邓小平的支持下，荣毅仁在北京创办中国国际信托投资公司，"中信"成为 20 世纪最后 20 年中国改革开放的一个象征。2000 年，荣毅仁及其家族被美国《福布斯》杂志评选为中国 50 位富豪的第一位，其个人及其家族财产为 19 亿美元。荣毅仁 1957 年出任上海市副市长，1993 年出任国家副主席，荣氏家族的影响力远远超出了商界。

2005 年 10 月 26 日，荣毅仁因病在北京逝世。

1978 年 6 月，荣毅仁之子荣智健来到香港，与荣宗敬的后人会合后在香江施展身手，荣氏第三代脱颖而出。1991 年，荣智健完成对香港上市公司泰富发展的收购，将其改名为中信泰富。中信泰富业务范围广泛，涉及基础设施、航空、钢铁、通信、房地产、贸易分销等，2004 年销售收入 230 亿元，连续多年位居中国富豪强势榜榜首。

因商而兴大上海

上海简称沪。春秋时期，这里还是一个小渔村，南宋咸淳三年（公元 1267 年），始置上海镇。元至元二十九年（公元 1292 年），设上海县

——这标志着上海建城之始。明末清初，江南地区的经济中心在苏州，上海的国内贸易也有相当规模，人称"小苏州"。

「上海陆家嘴」

鸦片战争以后，凭借优越的地理条件、活跃的市场环境和开放的社会政治气氛，上海逐渐成为全国的金融中心和经济中心，名字也变为"大上海"。

◉ 沪商何谓

1843 年 11 月，清政府宣布上海正式开埠，它的地理优势得以淋漓尽致地体现。进口商品可由此转运南北，而通过长江水运则更远至长江中上游广阔腹地；内地商品特别是长江流域和沿海邻近地区的土货，也主要经由上海出口，其他任何一个通商口岸都无法与它相比。金融中心地位的确立，则又与全国进出口贸易枢纽相辅相成。

以商人为主体的新移民一批又一批涌进上海，从开埠之前的 20 余万人，在不太长的时期内剧增至近百万人。1900 年 8 月 10 日《申报》："在沪之人多系客居，并无土著。"上海公共租界公元 1885 年至 1935 年的人口统计表明，非上海籍人口占上海总人口 80% 以上。直至 1950 年上海人口统计，籍贯为本地者仍只占总人口的 15%。

福建商人到上海很早，乾隆二十二年（公元 1757 年），泉州同安和漳州龙溪、海澄二府三县商人就建立了泉漳会馆，道光年间，闽粤两省商人在沪已有近万人。起初，闽帮商人在上海的势力占优，但不久即让位于粤商。广州原系鸦片战争前唯一的对外贸易口岸，上海开埠之后，包括外贸专才在内的大量粤人纷纷北上，在上海开埠初期便形成较强的势力，以至当时上海一度有"小广东"之称。当时的上海报刊认为："广帮为生意中第一大帮，在沪上尤首屈一指，居沪之人亦惟广帮为多，生意之本惟广帮为富。"到清末，旅沪粤商已多达 17 万至 18 万人，由广州和肇庆籍商人组成的广肇公所，在上海商界颇有影响。

江苏和浙江籍的商人，在上海商界中也占有十分重要地位。19 世纪末和 20 世纪初，仅洞庭山席氏家族即有数十人先后担任上海十数家外国银行的买办，席氏家族还投资于上海的工商业，转化成新兴商人。

浙江宁波、绍兴籍的商人在上海金融业中举足轻重。清末民初形成方、李、叶、秦、程、许等九个实力雄厚的著名钱庄家族，其中浙江人七家，苏州人两家。另据《上海钱庄史料》一书统计的 15 位上海钱庄主要投资人中，浙江籍 10 人，江苏籍 3 人，安徽籍和上海本籍各 1 人。仅浙江籍的方氏家族成员，就曾先后在沪开设钱庄 17 家，另在宁波开设 5 家，在汉口和杭州各开一家。

19 世纪末 20 世纪初上海金融机构的控制权，主要在号称"浙江金融集团"的手中，而浙江金融集团的成员又主要是宁波、绍兴籍商人，尤以宁波籍商人为著名。以宁波籍商人为主体的四明公所，是上海工商界颇具影响的商人团体之一。

宁波籍商人虞洽卿，是沪上呼风唤雨的头面人物，曾历任上海总商会会长、淞沪市政会办、公共租界工部局华董等要职。叶澄衷、严信厚、朱葆三、沈敦和等人，也在上海商界中享有盛名。中国最早以股份有限公司形式组成的私营商业银行——四明银行，就是由虞洽卿、朱葆三等宁波籍商人在沪设立。宁波籍商人在沪的糖行、海味北货业中也是实力雄厚，店铺多达 50 余家。

「上海商界领袖朱葆三，时有"上海道台一颗印，不及朱葆三一封信"之说」

绍兴籍商人在沪的实力次于宁波帮。在嘉庆、道光年间，绍兴籍商人即开始在沪创设钱庄，后来发展到 20 余家。绍兴商帮所开设钱庄还兼营柴炭、染坊等店铺，同样颇具特色。绍酒系绍兴名产，绍兴商人在沪开设的绍酒店广受欢迎。

上海开埠之前，山西票号商人并不看重这个小县

大江东去

城。开埠之后，山西票号商迅速在沪落子布局。公元 1872 年左右，山西商人在沪开设的票号已有 22 家，不久又增设 2 家，并联合成立了山西汇业公所。山西商人票号规模宏大，每号职员几十人至百余人。

鸦片战争后，徽商在沪也十分活跃。徽商不像浙、晋商人那样主要集中于钱业或是票号等某一个行业，歙县、黟县、休宁、祁门、绩溪、婺源六县商人大体上是各营专业。歙县商人主要经营京广杂货，初期几乎垄断了上海京广杂货的大部分批发业务。黟县商人主要经营草货、皮革和土布、绸缎。尤其是 19 世纪，上海草货、皮革业经营者均为黟人，以至于粤人到沪非黟人不与之交易。休宁商人主要经营典当和衣庄，衣庄是当时比较重要的商业行业之一。祁门人主要经营茶叶，绩溪商人侧重经营菜馆，婺源商人主要经营木材和漆。

云集于上海的商人一般按地域籍贯分为各个商帮。商帮的划分，有的分得较细，以一府一省命名，如徽州帮、宁波帮、广东帮等；有的划分则较粗。以专营代客报关的报关业为例，即有南洋帮、北洋帮、长江帮等；在大帮口之下，又以地缘或习惯再分成若干小帮。

在上海早期最繁华的十六铺一带，所有的货栈店铺几乎均为外地客商开设，绝大部分重要行业尤其是一些新兴行业也被外地商帮垄断。例如五金行业以浙江籍商人居优势，洋货五金业差不多是清一色的宁波帮；钢铁业商人多系无锡帮；铜锡业商人多为南京帮；旧五金杂铁业商人则多系扬州帮和镇江帮。

「上海海关」

据 1910 年上海公共租界的人口统计，除东三省和新疆、西藏、蒙古外，全国各省份都有移民流向上海，其中有十六个省的几十个地区的移民在沪建立了他们的会馆。

这就是崛起初期的上海，正如乐正博士所说："上海商业的繁荣是天下商人走上海，而不是上海商人闯天下的结果"；说到沪商，那含义应是——"在沪之商"。

　　"白手起家"是沪商最奇异的色彩，如朱葆三、虞洽卿、叶澄衷等人，当初都是"赤脚"走进上海滩的。

"五金大王"叶澄衷

　　叶澄衷（公元 1840—1899 年），浙江镇海人，家贫，6 岁丧父。14岁到上海，在一家杂货铺当学徒，每天清晨摇起一只小舢板，在黄浦江上沿船叫卖日用杂货。有一天，一家洋行的英国经理搭乘叶澄衷的小船从浦西到浦东，把装有巨额现金的皮包遗忘在船上。叶澄衷停下生意，在英国经理下船的地方一直守候。失物复得的英国经理把他带到自己在浦西的公司门口，对他说，以后任何时候有困难都可以来这里找自己；并且告诉他，今后几年五金业在上海将会有大发展。

「叶澄衷塑像」

　　叶澄衷小有积蓄后，渴望拥有自己的店铺。那位英国经理答应借款给他，并且免息，但要求叶澄衷从他手里进货。公元 1862 年，叶澄衷在虹口美租界开设了近代上海华人第一家五金行"老顺记"，专门售卖五金零件、废旧铜铁以及洋杂货。叶注重信誉，得到外商的信任。美商开办的美孚石油公司以优惠的条件请"老顺记"推销煤油，可在进货的三个月之后付清货款。不久，叶便"拥资累巨万，名显海内"。1870 年后，他陆续在上海开设南顺记、义昌顺记、可炽顺记、可炽铁栈等新商号，经营范围扩大到五金、煤油、机器、钢铁、洋烛、罐头食品等。他还以低廉的价格收购废旧外轮，修配翻新后出售。"老顺记"相继在汉口、九江、芜湖、镇江、天津、营口、宁波、烟台、温州等地开设分号,人称"五金大王"。

1890年,他在上海创办最大的华商火柴厂——燮昌火柴公司,产量占上海火柴总量的三分之一以上。1894年,他开办了纶华纱厂,这是上海机器缫丝业中的一家大型企业。1897年,又创办汉口燮昌火柴公司。他在钱庄、运输行业中也有巨额投资,营业鼎盛时期钱庄多达一百余家,分布于全国各地;自备的沙船(中国特有的一种船型,适宜浅近海航行)多达一百余号,频繁往来于沿海和长江航线。他的树德地产公司拥有地产400余亩,"镇海叶家"在上海著名的九大钱庄中声名显赫。

1899年,叶澄衷因病去世,其时资产已达白银800万两。

"将计就计"黄楚九

黄楚九(公元1872—1931年),浙江余姚通德乡人。他在上海法租界开设中法药房,自制了一种"安神健脑"药物,取名"艾罗补脑汁",从国外进口药瓶,包装极像进口货。"艾罗"一炮打响,黄楚九发了一笔大财。

不料,一个自称艾罗儿子的外国人找上门来,指称黄楚九盗用其家传秘方。黄楚九盛情招待来者,带他到处游玩,还领他到药房去"考察",逢人便说"小艾罗来了"。结果全上海人都知道"艾

「上海大世界」

罗的后人"来找黄楚九麻烦了。玩了几天后,黄楚九向小艾罗摊牌,郑重其事地拿出一纸上有艾罗"亲笔签名"的"合约",证明黄楚九有权使用"秘方"。此后,消费者以为真有艾罗其人,补脑汁更加热销。

黄楚九经营的行业很多,人称"百家经理"。1912年,黄楚九开设新新舞台,次年与人合资在舞台顶层创建上海第一家名为"楼外楼"的屋顶花园,配以说书、戏曲娱乐项目。1917年筹资80万元建大世界游艺

场，日纳 2 万人，盛极一时。1919 年至 1920 年还开设日夜银行、上海夜市物品证券交易所，1924 年又创办中华电影公司。

黄楚九后来生意受挫，黄金荣、杜月笙乘机对黄施以打击，一时流言四起，黄楚九的日夜银行出现挤兑风潮。内外交困的黄楚九一病不起，"大世界"落入黄金荣手中。

◉ 一士疾呼

上海有一个数量不小的特殊商人群体——买办。

公元 1853 年，15 岁的徐润随叔父徐荣村来到上海；1857 年，19 岁的席正甫随兄来到上海；1858 年，26 岁的唐廷枢、17 岁的郑观应来到上海。在上海，他们有各自的施展、各自的收获，相同的是都声名远扬，后来被称为"晚清四大买办"。

郑观应（公元 1842—1922 年），亦作郑官应，字正翔，号陶斋，广东香山县（今中山县）人。作为中国人，他有超越性；作为商人，他也有超越性；作为买办，他更有超越性。

「郑观应塑像」

郑观应 17 岁时放弃科举求仕的道路，先是在外国企业中服务，在宝顺公司、太古公司担任位置较高的买办达 20 年之久。1880 年以后，受洋务派官僚李鸿章的委派，他先后以商股代表的身份，参加过许多重要的官督商办企业，在其中担任帮办、总办等高级职务。在商办时期的粤汉铁路，郑观应任总经理，此外还创办过经营进出口业务的贸易公司，在国内一些重要口岸开过航运公司。

吴慧先生在他的《商业史话》一书中，对郑观应有全面的评析：

郑观应实际从事工商业活动，又对当时的

政治经济问题有自己的见解，几十年中撰写和辑录了许多文章和著作。1892 年编成《盛世危言》，1896 年再出版《续集》，1909 年还有《后编》。他通晓外语，到过国外许多地方，长期同洋人打交道，对外国资本侵略的危害认识更为深刻。他参与洋务活动，亲身见闻洋务派企业内部的腐朽黑暗现象，体会更为直接。他在著作里切中时弊地作具体的揭露和批判，阐述了对当时腐败的政治经济制度的看法和改良办法，对资产阶级改良思想的传播发挥了重要作用。

郑观应特别重视商业，充分肯定商业的地位和作用，提出"以商立国"的口号。他主张改变中国士人轻商传统观念，培养懂得工艺制造、商业经营的人才，以适应发展商务的需要。

他认为工商关系特别密切，农业的发展对商务也至关重要，要"以农为经，以商为纬，本末备具，巨细毕赅。""富出于商，商出于士农工三者之力"，但在"四民"中只有振兴商务才掌握了纲领，士农工都不过是商的帮手。这种不同于前人（桑弘羊的重官商而抑私商）或超越其前辈（包世臣、魏源）的重商思想，实际是以商业为中心来全面发展中国资本主义经济的思想，它彻底否定了传统的重农轻商观念，在中国经济思想发展史上具有重要地位。

在当时的条件下，期望在中国发展资本主义，就必然强烈要求抵御外国资本主义的经济侵略，为此他特别强调同资本主义国家进行"商战"。他指出西方资本主义国家侵略落后国家时，"不独以兵为战，且以商为战。""各国并兼，各图利己，藉商以强国，藉兵以卫商"，即商战是兵战的目的，军事侵略最终是为了经济利益。西方对中国的商战相比兵战具有很大的隐蔽性和更大的危害性，应该以兵战抵御外国军事侵略，以商战抵制外国经济侵略。

郑观应深知外国人对中国的"商战"是凭借了不平等条约所给予的特权，与外国人商战必须限制以至取消被攫走的种种特权。他一再揭露以赫德（英国人，曾担任晚清中国海关总税务司达半个世纪之久）为首的洋人把持中国海关，损害中国利益的劣行，主张海关的主要职位都应由华人担任。

如何振兴商务同外国人进行商战？郑观应的思路是优先发展西方向中国倾销商品量最大的新式工业，实行进口替代，然后发展出口替代工业，变入超为出超，取得商战胜利。

「郑观应旧居」

发展商务、实行商战，目标是在中国发展资本主义经济，发展资本主义工商业，于此他提出一系列重要主张，如：鼓励私人工商业资本的发展，对私人经济取宽松政策；革除弊端，为工商业发展扫清道路；提高进口关税，扶植中国商品的竞争能力；兴办商学，培养实用人才，等等。

对发展资本主义，郑观应寄希望于私人经济，而对他自己参与过的洋务派官办企业表示失望。他指责在"官督商办"企业中，"官夺商权"，"专擅其事"，"调剂私人"，贪污中饱，诸弊丛生。必须"全以商贾之道行之，绝不拘以官场体统"，否则是搞不好企业的。郑观应的立场已完全站在民族资产阶级这一边了。

由郑观应率先倡导的"商战"思想是爱国主义的经济思想，在列强不断加紧侵略、民族危机日益严重的历史条件下，尤其具有进步意义。它在一定程度上唤醒了国民的觉悟，促使许多人走上实业救国道路，推动了民族资本主义工商业的发展，也在一定程度上抵御了外国资本主义的经济侵略。

遍地商旅

　　长江流域内外是互相联系、互相影响的，在长江支流涉及的一些地方，商帮与商人的故事同样多姿多彩，且让我们关注身边的精彩。

河洮商人天路行

这里的河、洮，分别指历史上的河州（今甘肃临夏）、洮州（以今甘肃临潭城关镇为核心），河州商帮、洮州商帮都是当时甚有影响的商人群体。

洪武五年（公元1372年），明朝政府在甘肃境内设立秦州（今天水）茶马司，两年后，又在河州设立河州茶马司。至明万历年间，甘肃境内有河州、洮州、岷州、甘州、西宁、庄浪等六个茶马司，其中河州、洮州、甘州、西宁四个茶马司设置时间最长。

「青藏高原上的天路」

河州是官营茶马贸易体系的中心地区，也是通往青藏高原的中转站。官方的茶马贸易刺激了民间贸易的发展，明清时期，河湟地区（今甘肃省临夏回族自治州与青海省东部一带）走出一支以回族为主的穆斯林商帮。

河州位于青藏高原与黄土高原交界处，海拔较高，自然灾害频繁，较发达农业区仅占全州总面积10%，出外经商是河州人自然的选择。

河州各族穆斯林或聚族而居，或与当地藏等民族交错居住，了解藏地资源、藏民需求和风俗习惯。进入藏区，须不畏高寒缺氧、路途艰辛，还须懂得藏语并与藏人及其首领建立良好关系，以吃苦耐劳、勤劳尚武著称的河州穆斯林商帮恰好具有这方面的优势。

河州穆斯林商人经营的商品具有鲜明的地方特色。

茶、盐 这两项利润极大，长期以来由国家专营，须持有官方"盐

遍地商旅

引"、"茶引"（凭证），才能经营，否则便是私盐、私茶，惩处极为严厉。洪武三十年（公元1397年），驸马都尉欧阳伦就是由陕西贩运私茶至河州，事发后被赐死。"茶盐之利尤巨，非巨商贾不能任"，在长途贩运盐、茶的商队中都有河州商人，可见当时河州商人中不乏资金雄厚的富商大贾。

畜产品 其中大宗是动物皮张，较为珍贵的有貂鼠、白狼、艾叶豹、猞猁狲、毛狐、沙狐、鹿之类。河湟回族皮匠将珍贵的皮张加工成服饰销向内地，极受欢迎。

药材 河湟地区有丰富的药材，尤以鹿茸、麝香为名贵，其次还有甘草、冬虫夏草、当归、大黄等数十种。藏区大黄质优量大，是河州商人经营的大宗商品之一。

粮食 河州商人将青稞制成炒面，将小麦制成挂面，销量非常大。由内地输入的其他物品还有布匹、棉花、哈达、缎子、铁锅、铜器、瓷器、陶器等。一些富有藏地特色的商品，如皮毛制品、酥油、小刀、皂矾以及各种首饰等，则通过河州商人转运至内地。

这一带地形复杂，交通不便，需要有人专门从事长途贩运，以一人一马行商的"脚户"既是许多河州商人的起点，也成为河州穆斯林商帮兴起的重要途径。河州脚户开始时多数是"跑短脚"，待资金积累到一定程度，脚户们就吆喝着骡子长途贩运。他们的路线指向东南西北各个方向，向南一直可到四川中坝、松潘，西藏，印度加尔各答。

河州穆斯林商人在明清时期逐渐兴起，并不断发展壮大，成为河湟地区的一支重要商帮，一部分河州穆斯林商人到清代时已在拉卜楞设立商号。河州穆斯林商人的兴起也带动了当地经济的发展，让河州赢得"旱码头"的美誉，成为河湟地区重要的商贸中心。

说罢河州，再说洮州。

公元1368年明朝建立后，在甘肃境内今临夏、甘南一带设立临洮卫、岷州卫、洮州卫等卫所。历史上的洮州地域包括了今甘肃省临潭、卓尼两

「洮州卫城保护标志」

县的全部和迭部、夏河、碌曲、康乐的部分地区，临潭旧城（今城关镇）是古洮州的核心。

洮州地处甘肃南部，位于青藏高原和黄土高原的过渡地带，历来为"进藏门户"、"汉藏走廊"，在古代就是重要的物资集散地。据清末民初时的记载，城区有驮牛商队 70 余家，有驮牛 4000 余头，贸易网络通达今青海、四川、陕西、天津、湖北、内蒙古、西藏等 21 省（自治区、直辖市）。贩运商品主要有粮食、畜产品、民族特需品及绸缎、布匹、瓷器、铜器、茶叶、食盐、食品等。

洮商是从甘肃临潭县走出的商帮，因临潭地属古洮州而得名。广义上指明代以来从事商业活动的临潭各民族（汉、回、藏等）商人；狭义上指活跃在甘、青、川、藏、滇等地区的临潭回族商业经营者（占洮商总人数的90%以上）。洮商肇始于明初，兴于清代，民国初年（公元1929年前）达到鼎盛。

以前人们对洮商知之甚少，2009 年 4 月，由甘肃、宁夏有关单位组成的一个专题调研组发布的研究成果让人们更多地认识了洮商。

《洮州厅志》记载，洮州"旧城人历来重农善贾，无人不商，亦无家不农。汉回杂处，藏羌往来，五方人民贸易者往来不绝。"在洮州城最早出现了"泰盛行"、"德盛马"、"万盛西"等数十家商号。到1929年，在临潭县设立商号的外省客商有京帮、陕帮、豫帮、鄂帮等十几家，而本地商号则达到 200 多家，其中资本在 3 万银元以上的达到 77 家。

诚信、勇敢是洮商最突出的特点。临潭回商做生意没有合同，无论交易金额多大，一张白条解决问题，有时还不必签字，一切建立在诚信的基础上。藏族同胞甚至把价值数百万元的冬虫夏草交给洮商，让他们先销售后付款，只打白条记账。

　　今天的洮商继承了前辈的优良传统，在青海省玉树州杂多县的洮商，自发地制订以诚信、互助为内容的《临杂个体户十不准》，明确规定：不作假、不短斤少两、不经营假冒伪劣商品、不做假账。当地群众在临杂商店购物不讲价不检查不复秤，绝对放心。在甘肃甘南、临夏等洮商活跃的地方，洮商最受当地各大银行信赖。

　　如今洮商的足迹遍布青藏高原主要城镇和边境口岸，成为高原上最活跃的商人群体。在拉萨有洮商150多家，在最繁华的八廓街及其周围经营旅游纪念品和民族用品的洮商就有133家，占八廓街

「西藏拉萨的商业街」

市场份额的70%，号称"临潭街"。在拉萨，经营虫草等中药材，以及粮油、布匹、绸缎等的洮商人员近四百人。青藏高原上三成左右的冬虫夏草年交易量，七成以上的旅游品和布匹，九成以上的绸缎、帐篷、曲拉（一种奶制品）加工、蕨麻批发等，都由洮商经营。

　　在青藏高原民营货运业中，洮商占到1/3份额，高峰时有500多辆货车奔驰在崎岖蜿蜒的公路上。洮商车队以过人的胆识和娴熟的技术，成为20世纪80年代以来雪域高原一支运输劲旅。

　　相对于徽商、晋商，河州商帮与洮州商帮没有那么大的名气，但是在西北"入藏门户"这个重要位置上，他们是不可或缺、无法取代的。他们以勇敢、诚信促进内地与藏区经济贸易和文化交流，推动当地的经济发展和社会进步，为维护祖国边疆稳定和民族团结做出了自己的贡献。

刚风厚土说陕商

陕西简称陕或秦，陕商（或秦商）作为一支著名商帮的崛起，与"开中盐法"关系密切。明朝建立以后，在北方设立辽东、大同、太原等九个边防重镇，史称"九边"。但边镇军粮当地不能保障供给，成为困扰朝廷的一件大事。洪武三年（公元1370年），明政府采

「陕西黄帝陵轩辕殿」

取"开中"办法，首先在大同，以后在其他边镇陆续推行。

参与"开中"做盐生意的，主要是山陕（山西、陕西）商人和徽商。到后来，为避免收购与运输之难，商人在边地就近雇人垦种粮食以换取盐引，称为"商屯"。

不论是就近买粮上纳还是商屯上纳，山陕商人均有地利之便，因此早期盐商以山陕商人特别是陕商实力最为雄厚。弘治五年（公元1492年）改行"开中折色"，即允许在两淮两浙盐产地直接纳银换取盐引，此后，"山、陕富民多为中盐徙居淮、浙，边塞空虚"。山陕商人逐渐以两淮为中心，以扬州为基地，扩大经营范围并向全国市场扩展，与徽商分霸盐业，成为南北对峙的两大盐商集团。

与山西商人相比，陕商经营范围更为集中，在两淮盐业贸易中更有优势。明朝著名学者谢肇淛曾说，陕商"财富胜于徽商"，明朝科学家、《天工开

「陕西孝义镇，最著名的有赵、严、乔、柳四大商家，其中又以赵家最为富有，据称在川东拥有十处盐井，还办了十大企业，人称"十大号"」

物》作者宋应星也说："商之有本者，大抵属秦、晋与徽郡三方之人"，推陕商为三帮之首。

明洪武、永乐年间，朝廷先后设秦州、洮州、河州、甘州以及四川雅州等茶马司，以内地之茶换取西北少数民族之马。陕西巡抚并布政使出榜，召商人交纳粮食或茶叶以换取"茶引"，凭"茶引"到产茶地方定额收买茶斤，运赴指定的茶马司，按三成或四成比例交茶，其余部分商人可自行出售。

　　明政府实行的茶马法，特别是弘治年间实行的召商买茶法指定山陕商人为从业对象，更为山陕商人兴起平添推力。

陕商不惧西北环境艰苦，在明代很长一段时间里，兰州、西宁等地的边茶、边布、边盐以及药材、皮货贸易基本上被陕商垄断。西北地区盛产毛皮、药材与水烟等，也是陕商在此收购。在新疆，陕商活动足迹一直到达北疆的阿克苏和南疆的叶尔羌。在北部汉蒙边地上，陕商通过"布马交易"，逐渐成为"旗地经济的实际掌管者"。依托这一优势地位，他们又一手培植了以皮货贸易为特色的明清陕北经济。

棉布是陕商运销西北地区的又一大宗商品。甘、青、宁、陕北产棉少，且不谙纺织，所需布匹依赖内地供应，陕商以布、茶换取当地的皮毛等特产，从鄂、苏、浙等处采购棉布丝绸转销于西北。陕商输出的另一重要商品是药材。陕西药材资源丰富，药商又有炮制技术，药材成为出省的大宗商品。

陕商在长途贩运中往往以商队形式出现，不少陕商本人武艺精湛，有的则雇用保镖。还有些陕商大户在漫长的商路上沿途开设自己的分店（分号），不需住宿别人的客店，既节省费用又安全。这些分店（分号）不但承担本地区的商事，还要为总店（总号）提供商情、匪情等信息。中小商人没有能力自设分店，可以或入股参与，或以乡亲关系付少量费用借宿，这也是商帮之所以为"帮"。

有学者认为，陕商最盛之时，是在清朝以后走向四川腹地。清初百余

「自贡盐井遍地」

年间，陕商几乎掌握了四川的金融命脉，垄断四川井盐生产资本总量的八成以上，陕商仅在自贡的商号就多达150余家，随后又把经营势力扩张到云贵各处。

活动范围广、经营行业多、经商人数众的陕西商人在明代形成商帮，作为商帮标志的会馆在各地陆续兴建起来。乾隆元年（公元1736年）始建，乾隆十七年（公元1752年）建成的自贡西秦会馆，占地3000平方米，捐银商号150余户。成都陕西会馆更有一种传奇色彩：光绪初年，陕西商人在成都城内买了一块烂泥塘，准备建会馆，但当地人不许在本地取土填塘。陕西商人决定，每人至少背一麻袋本乡的泥土来。两年以后，陕西人居然用一袋袋背来的三秦黄土填平了这块烂泥塘，建起一座气势雄伟的陕西会馆。

陕商的商号多实行财东（资方）与掌柜（经理）二权分享，掌柜得"人股"红利，财东得"银股"红利，互不相犯。陕商特重乡谊，如同州朝邑人在兰州经营的水烟字号，从店主到学徒，非亲即故，人称"同朝帮"。陕商多中小商人，为壮大自己，对内以乡缘亲缘关系抱团，对外则常与邻省（如山西、甘肃）商人结帮，所以，人道是"会馆最多数陕西"。

> 陕西土厚风刚，陕商性格质朴厚重，被称为"人硬、货硬、脾气硬"的"三硬商人"。

陕商中有很多"弃儒经商"的读书人，他们传承了中国优秀的传统文化，是影响明清陕商文化的主流。乾隆二十七年（公元1762）苏州《新修陕西会馆记》说："吾乡土厚水深，风醇俗朴。人多质直慷爽。"明末清初著名学者顾炎武评价陕商："关中多豪杰之士，其起家商贾为权利者，大抵崇孝义，尚节概，有古君子之风"。清人郭嵩焘（清朝第一位驻外使节，湘军创始人之一）说："中国商贾夙称山陕，山陕人

「厚重深沉的黄土地」

之智术不及江浙，权算不及江西湖广，而世守商贾之业，惟其心朴而心实也。"可见陕商的自我评价与公论相当吻合。但是陕商较普遍地存在"小富即安"心态，他们没能及时"转向"、"升级"，这点与晋商不同；很少有人投资手工业，这与江南地区商人也形成鲜明的对比。在前瞻性、应变能力上与后起商帮的差别，使陕商在时代大变迁中逐渐落伍。

豫商襟带怀药香

河南简称豫，豫商作为一个商帮形成于清初，其活动范围自豫西到省内各州府，再扩展至省外。武安商人和怀庆商人，是豫商中的两支主力军，武安商人以县为名，怀庆商人以府为名。武安商人在黄河流域和东北地区活动较多，怀庆商人在长江流域活动较多，这里主要说说怀庆商人。

明代怀庆设府，辖河内（今河南焦作市、沁阳市、博爱县）、武陟、修武、济源、温、孟六县。清雍正二年（公元 1724 年），将原武县（今属河南原阳）划归怀庆府；乾隆四十八年（公元 1783 年），又将阳武县（今属河南原阳）划归怀庆府。这一带古称覃怀，明初改称怀庆府直到清末，人们习惯称怀庆商人为怀商或怀帮。

进入清代，商品经济持续发展，药材、铁货、棉花、棉布、竹子与竹器以及烟叶成为怀庆城乡市场的重要货物。这里有句俗话，"打了铁，卖

了药，什么生意都不用做"。怀庆商人经营的主要项目正是药材和铁器；其中药商人数多、资金多、历史悠久，是怀商的主体。

怀庆人选择经营药材，最主要的原因在于"四大怀药"。怀庆地方气候温和、光热充足、水源丰富、雨量适中，适宜于各类动植物生长繁衍。北部太行山野生药材资源丰富，出产药材 800 多种。怀庆府所产地黄、牛膝、菊花、山药被称之为四大怀药，享誉中外。明代著名医药学家李时珍说，"今人惟以怀庆地黄为上。"怀药被列为贡品，乾隆《怀庆府志》记载："牛膝、地黄、山药、菊花等俱河内县

「四大怀药」

出，为贡常数"。

康熙五十七年（公元 1718 年），在河南辉县药材会上的怀庆商人建立自己的帮口。参与交易会的怀庆府属各县的商家推选出自己的帮首，议订规章。此后，在其他地方经营的怀庆商人相继建立自己的帮口组织。

明代怀庆城内已有不少的药材行、栈、堂、店，清乾隆以后走向鼎盛，府城内药业行店有百余家。怀商并未局限在本省范围之内，他们在一些大商埠如北京、上海、汉口、重庆、天津、苏州、杭州、西安、香港等地谋求更大发展。

康熙年间，怀庆商人走进汉口。初时因资金尚少，不少人是推着独轮车南下，后来生意日益繁益，货物日益增多，于是在汉口建起"忠兴栈"、"三合公"、"三成公"三个药栈，在此经营的怀庆药商逐渐发展成为怀货帮。康熙二十八年（公元 1689 年），怀帮药商集资购地，陆续修建起药帮大巷、药帮一巷、二巷、三巷作为怀帮药商住处和药栈。还修建了一座药王庙，供奉唐代著名医药家孙思邈。覃怀会

「药王孙思邈」

馆就设在药王庙，它是纯粹怀药商人组织，其他怀庆商人即使在汉口经商但非经营怀药，也不能进入。

怀帮有许多帮规，其中有一条是：无论在哪里经营，录用人员都必须是怀庆籍人。博爱县"协盛全"店规规定：分店全部人员不用外地人；店员只能与怀庆人结婚，结婚费用由店里开支。

怀帮商号的内部管理也有特点：

商号掌柜负责制　这是明清以来怀庆商号的基本管理制度。持有资金的东家不亲自经营，而是交给掌柜经营，掌柜是店铺的直接经营者。

东家家长负责制　怀庆商人中一些大的商号，为使其资产不分散，坚持数代不分家。刘村李氏的"协盛全"，家中有几百口，四五代都没有分家，百余座分店字号亦长期不变。大商号的东家多是一个庞大的家族，主事的家长即是商号的东家。

东家族人监理制　怀庆大商号由家长一人主理，他将族人分派到各店当东家，但他们没有经营管理权和人事权。他们的职责是监督，发现问题只能向总管反映，由总管处理。

东家股金制　生意归全家族所共有，主事归一人，但收益分配人人有份。全部资金分成若干股，按家族人口平均分配，只分红利，不能动用股本。结算一年一次，不能提前支取。家族子弟上学费用统一支付，各门人不许在店里借支。

「药材质量与产地关系密切，讲究"道地"二字」

杜盛兴是著名怀庆商人，生意做得很远，资金在百万两以上。身为巨商，他仍在家乡购置田产，雇工耕田种地。杜家马房门楼墙壁上，镶着"耕织组图"，20幅图案分两组，刻在4块磨光的条石上。"耕织组图"生动地展现了当地男耕女织的劳动情景，也反映了这个时代的商人身上农本思想的痕迹。

桂商今日刮目看

广西简称桂，这块土地上商业历史相当悠久。早在春秋战国时期就开辟了湘桂走廊和潇贺古道，与中原商业往来。公元前 219 年，秦始皇令监御史禄主持，兴修灵渠，也称湘桂运河。它沟通湘、漓二水，联系长江与珠江两大水系，极大地促进了广西与内陆的商贸交流，对岭南地区商业发展特别是土著民族商业意识的培养起到巨大作用。

西汉时就开辟了从印度支那半岛到南

「广西灵渠」

亚，经广西通往中原的"海上丝绸之路"，公元 166 年，罗马帝国的使者通过海上丝绸之路，经广西进入中原。到宋代，广西形成了桂州、邕州、梧州、柳州四个商业中心，钦州成为广西对外贸易重要商埠。国内富商巨贾"自蜀贩锦至钦，自钦易香至蜀，岁一往返，每博易动数千缗"。

梧州为桂江与西江的汇合处，是广西水路交通的总出口、两广交通的要冲，到明清时期已发展成为广西东南部政治、经济、文化中心。到 20 世纪 20—30 年代，梧州已形成全省商业区之重心，成立于 1907 年的梧州商会是广西最早的商会。

明清以来，计有山西、陕西、安徽、浙江、湖北、湖南、四川、江西、贵州、云南、福建、广东等 10 余个省份的商人在广西从事商业活动，创建了 200 多所会馆，这折射出明清时期以长途贩运为主导的传统商业经济的发展格局，反映了地处边陲的广西，在全国商品经济发展历程中地位与作用日益重要的态势，也反映了外来商人在明清以来广西商业活动中所

遍地商旅

占的比重。广西的商业经济，很大程度上是受商业发达的毗邻省份影响的结果。说起昔日桂商，他们也是这个群体的成分。

广西地处西南边陲，被周边不同的文化生态包围：北部为湘楚特征的汉楚文化；西北为颇具少数民族特色的云贵文化；桂东南则为典型的岭南文化；南部临海，除受岭南文化影响外，还受境外文化的影响。广西远离中国历代政治文化中心，自身的文化发展较为缓慢；又有五岭相隔，使其本身缺乏足够的能量冲破自然条件的束缚主动去与周边文化交流。

在长期发展过程中，广西本土文化逐渐形成了"兼收并蓄，择善而从"的兼容性特征。有一句话叫"广西的人物，中国的精神"，这无疑是广西人精神的最好表达。桂商精神的核心就是包容。例如地处湘、粤、桂三省交会的贺州市，自古以来就是中原文化通往岭南的重要通道——潇贺古道中转地，湘楚文化、岭南文化、客家文化、瑶族文化都在这里交融，文化的兼容性得到充分的体现。文化的大杂糅，直接影响到商业文化特质的形成，杂而不乱，构成其独特商业文化特征，这也恰好表明其兼容并蓄、择善而从的商业经营之道。

时光流逝，今胜于昔，改革开放催生了新一代广西商人，他们在全国乃至全世界崭露头角，逐步形成了新一代桂商群体。新一代桂商中，体操王子、桂商领军人物李宁是杰出的代表。他不但创造了世界体操史上的神话，又演绎了商界的传奇。李宁以其锐利的眼光、创新的思维完成了家族企业向现代企业的演变，从行业旗帜向国际品牌迈进，为桂商树立了典范。

李宁曾有言："我相信，只要肯学，什么都有可能。""一切皆有可能"成为其品牌的广告词。

2008年8月8日，北京奥运会开幕式上，李宁凌空"夸父追日"的身姿深深印在人们的脑海里。这，就是包括李宁在内的新桂商的形象。

「李宁为北京奥运会点燃圣火」

亦官亦商十三行

广东省简称粤，粤商在长江流域活动很多，影响很大。广东人经商风气久远，但广东商帮的真正崛起并名列"十大商帮"是在明清时期。优越的人文地理环境、发达的商品性农业和手工业、人多田少的矛盾、同西方国家接触较早以及朝廷对广东实行开放贸易政策等因素，与广东商帮的兴起有密切关系。

明清时期，朝廷严格管制对外贸易，但允许中外商人在广东贸易。广东商人拥有得天独厚的机遇，与之相适应而形成了牙商、行商和国内长途贩运批发商。海商、牙商和行商的发展，一直成为明清时期广东商帮的特征而有别于内地商帮。

广东十三行，便是牙商中的特殊一帮。

十三行行商，实际上是官商性质的对外贸易商业团体。康熙二十四年（公元1685年）从牙行商人中分离出来专门从事对外贸易的居间行业集团，称为"洋货行"；乾隆十六年（公元1751年）"洋货行"改称"外洋行"，简称"洋行"；广东十三行也就是三者的统称。

十三行并非只有十三家牙商，而是时有增减。只有嘉庆十八年（公元1813年）和道光十七年（公元1837年）恰好是十三家。承充十三行行商者，必须身家殷实并自愿承充，经过清政府批准发给行帖才能开业。他们中有不少人以"捐输得官"，清政府索性给行商一个"官"字，称其"某官"。例如伍秉鉴称为"伍浩官"，潘振承称为"潘启官"，等等。

清康熙二十三年（公元 1684 年）清政府实行开海贸易政策，

「今日广州十三行路」

并设立江、浙、闽、粤四海关管理对外贸易。乾隆二十二年（公元 1757 年）宣布撤销江、浙、闽三海关，规定外商"将来只许在广东收泊交易"，广州"一口通商"一直延续至道光二十年（公元 1840 年）。

具有官商性质的广东十三行，以外贸批发商的身份成为国内长途贩运商与外国商人贸易的居间者，在商品所有权转换的过程中起代理商的作用。除此之外，十三行还要为清政府办理其他事务。归纳起来，其职能包括以下四项：

代购代销货物 凡外国人载货来广，各投各行贸易。所带货物令各行商公司照时定价销售；所置回国货物，亦令各行公司照时定价代买。不过到了嘉庆二十二年（公元 1817 年）以后，多少已有变通，仅余少数货物如出口丝茶、进口棉纺织品尚为行商一手操办，其他商品各由外商船长与内地行栈私相交易。

代纳关税 凡外洋夷船到粤海关，进口货物应纳税银，督令受货洋行商人，于船回帆时输纳。外洋夷船出口货物应纳税银，洋行保商为外商代买货物时随货扣清，先行完纳。

代理一切交涉 凡外商具禀事件，一概由行商代为据情转禀，不必自具禀词。清政府官员也不同外国商人接触，政府的一切命令、文书均由行商向外商转达及监督执行。如外国人想去澳门或从澳门回广州，必须通过行商请求当局发给护照。

监督外商 凡外商在居住及外出时须遵守《管理夷商办法》，行商监

「潘振承，曾任广州十三行商总、法国杂志曾评他为"18世纪世界首富"」

视洋人游览并遵守有关规章中所列各条。

总之，举凡中外商品之交易、关税船课之征收、贡使事务之料理（包括接待、通事、贡使护送和贡物接纳等）、外商事务之处置（包括约束、防范、纠纷、传令、禀告等），以及商务、航线之划定，等等，无一不操之于行商之手。广东十三行不仅垄断了中外贸易，而且连中外交涉事宜，也由其居间办理。十三行成为外商与清朝官府联系的媒介，实际上具有经营国内外贸易和经办外交事务的双重职能。

正因为如此，广东十三行行商与外国商人休戚相关，来往密切。外国商人一到广州，第一件事就是选择（或重新安排）他们的保商，保商必是十三行中的一家。外商投行之后，往往就住在行商设立的商馆之内，贸易亦在商馆内进行。

十三行行商通过居间贸易赚取大笔利润，积累了巨额商业资本。据统计，著名的怡和行行商伍秉鉴拥有资产2600万元以上（相当于今天50亿元人民币）；同文（孚）行行商潘正炜的总财产超过1亿法郎。

> 广东十三行行商就其人数来说，比其他商人群体少，其能量却很大。特别是广州"一口通商"之后，其在全国对外贸易中所扮演的牙商角色显得更为重要。十三行当时在国内外市场中的地位，其他商人无法比拟。

广东十三行与清政府是息息相关的。随着清政府的日益衰败，到鸦片战争前夕，十三行行商就深陷困境了。据不完全统计，当时行商倒闭破产者20家，被查封抄家以至发配边境充军者10家。万和行行商蔡世文因赔累过多走投无路而自杀；丽泉行行商潘长耀因走私羽纱，加罚饷100倍而陷破产。

道光二十二年（公元 1842 年），清政府"撤裁十三行互市总散各商"，十三行独揽对外贸易的历史宣告结束。十三行被废止后，其中一些行商转而受雇于外国资本，成为中国近代最早的一批买办商人；还有许多粤商北去上海，使上海一时被称为"小广东"。

这里略为说说伍秉鉴。2001 年，《亚洲华尔街日报》曾选出过去一千年来全球最富有的五十人，伍秉鉴是中国入选的六人之一。

伍秉鉴（公元 1769—1843 年），字成之，商名伍浩官，祖籍福建泉州安海。其先祖于康熙初年定居广东经商，到伍秉鉴的父亲伍国莹时参与对外贸易。公元 1783 年，伍国莹成立了怡和行，伍秉鉴 32 岁时接手。伍秉鉴经营理念超前，同欧美各国的重要客户建立了紧密联系。当时欧洲对茶叶质量十分挑剔，而伍秉鉴所供应的茶叶被英国公司鉴定为最好的茶叶，凡是装箱后盖有伍家戳记的茶叶，在国际市场上就能卖高价。伍秉鉴也在国内拥有房地产、茶园、店铺等，但与以往旧式富商不同，他已经具备国际投资眼光和现代商人的特质。他投资美国铁路、银行、保险、证券等多个领域，俨然跨国投资财阀。

「伍秉鉴」

由于伍秉鉴与英国鸦片商人千丝万缕的联系，他曾遭到林则徐多次训斥和惩戒，还不得不一次次向清政府献出巨额财富以求得短暂安宁。公元 1821 年，两广总督阮元上奏夷船私贩偷销鸦片事，旨下："洋商伍敦元（伍秉鉴）并不随时察办，与众商通同徇隐，情弊显然。着伍敦元所得议叙三品顶戴即行摘去，以示惩儆。"

《南京条约》签订后，清政府在 1843 年下令行商偿还 300 万银元的外商债务，伍秉鉴一人就承担了 100 万。同年，伍秉鉴病逝于广州。

遥看闽商在海中

闽商与粤商一样，在长江流域活动很多，影响很大。

福建地处东南，三面环山，一面临海，山地、丘陵占全省总面积80%以上，素称"东南山国"。枕山面海的地势，"八山一水一分田"的现实，无时不向福建人呼唤——走向大海。

作为回应，福建人除了力行耕海牧渔，很早就从事海上贸易。福建商帮在明代已经形成，是"十大商帮"之一。闽商在长江中游的汉口、长沙以及江南一带商业活动甚多并甚有影响。明朝万历年间，闽商在苏州创建的三山会馆是最早的商业会馆之一，江南闽商会馆之多仅次于徽商。

闽地文化具有一种特有的海洋文化特征，正如一首闽南民歌，闽人笃信"爱拼才会赢"。闽商创造了巨大财富，也创造了特有的闽商精神——

「陈嘉庚先生」

"善观时变、顺势有为，敢冒风险、爱拼会赢，合群团结、豪侠仗义，恋祖爱乡、回馈桑梓"。被誉为"华侨旗帜，民族光辉"的陈嘉庚是闽商杰出代表。

说到闽商，人们很容易想到海商，其实，闽商中既有侧重于内陆贸易的"内商"又有以出海贸易为主的"海商"，只是海商浓厚的传奇色彩让人印象更深。

福建海商有两种主要经营方式，一是在岸上与外商的贸易，如前文所述，进入广东十三行，依恃政府授予的特权垄断外贸之利；另一种方式，就是往来于海上的贸易。

15世纪世界经济格局发生重大变化，伴随着地理大发现和海上新商路的开辟，西方资本主义的触角开始伸入中国，其后又有倭寇滋扰中国沿海。政府别无良策，只好实行严厉的海禁政策，出海贸易就等于走私。这使海商具有浓厚的"海上武装走私集团"的特点，成为闽商的重要特点。

明初除了东部沿海倭寇骚扰，又有张士诚、方国珍残部出没，朱元璋严令，"片板不许入海"。从洪武十四年（公元 1381 年）到洪武三十年（公元 1397 年），至少六次颁下与海禁有关的法令，禁止商民私通海外，禁止外国与中国"交通"，禁止民间使用和买卖海外产品，禁止商民下海通商，废弃舟山群岛上的昌国县，强令舟山岛及其他 46 岛（山）居民内迁，一次比一次严厉。《大明律》规定："凡将马牛、军需、铁货、铜钱、段匹、绸绢、丝绵私出外境货卖及下海者，杖一百。挑担驮载之人，减一等。货物船车并入官。于内以十分为率，三分付告人充赏。若将人口、军器出境及下海者，绞。因而走漏事情者，斩。"

从明永乐、宣德至正德时期，海禁稍弛。到了嘉靖年间，明世宗又大力强化抑商政策，厉行海禁，其严厉程度超过以前任何一个皇帝。如："浙闽二省巡按官，查海船但双桅者即捕之，所载虽非番物，以番物论，俱发戍边卫。官吏军民知而故纵者，俱调发烟瘴。""一切违禁大船，尽数毁之，自后沿海军民私与赋市，其邻舍不举者连坐。"

这种严厉苛细的规定，就是完全不许人民染指海外贸易。以高压政策将一切出路完全封堵的

「严厉抑商、禁海的明世宗朱厚熜」

结果，反而是逼迫人民铤而走险。海商不得不组织成武装走私集团，以对抗官军的追捕和残杀，这就是明代海外贸易史上的"海寇"。他们并不等同于当时到东方来侵略、掠夺的西方海盗，而只是从事私人贸易的商人，只因触犯了海禁律法而视其为"寇"，"商转为盗，盗而后得为商。"明代前期海外贸易系长途贩运，"其去也，以一倍而博百倍之息；其来也，又以一倍而获百倍之息"，诱人的巨额利润也是"海寇"的驱动力量。

明成化、弘治年间，海商从偷偷走私变为既大胆冲破政府禁令又正面

与西方海盗对抗的海盗集团。这些海盗集团以漳州、泉州人为主，以漳州城东南50里的月港为中心，贸易范围远达东亚、南洋，甚至非洲的40多个国家。交易物品多达230多种，其中以生丝、纺织品、瓷器、糖制品为主，获利10倍以上。

明末最著名的海盗集团是郑芝龙集团。

郑芝龙，生于公元1604年，小名一官，福建南安石井人。他早年活动于澳门和日本，在日本平户期间娶日本女子田川氏为妻，生下一子即郑成功。

「郑芝龙塑像」

李旦是日本平户的华商领袖，拥有大批船舶，专门从事日本及中国台湾、福建沿海的贸易，明廷称之为"海贼"。郑芝龙依附李旦并被收为义子，李旦去世后，郑芝龙继承了李旦的遗产和部众，后来又纳并颜思齐集团，声势大振。福建因连年大旱，遍地灾民，郑芝龙令富人助饷，称之为"报水"，劫富济贫但不滥杀，饥民为求活路纷纷投郑。郑芝龙聚众数万，有船上千艘，到崇祯初年，郑氏集团成为一支影响甚大的海上商业力量。

崇祯元年（公元1628年），郑芝龙接受明政府的招安。他借用官府支持先后消灭李魁奇、杨六、杨七、钟斌、刘香集团。一统江湖之后，郑氏集团完全控制东南沿海的制海权和贸易权。他的3000艘商船往返于中国台湾地区、日本、菲律宾和东南亚各国之间，成为荷兰东印度公司的对手。当时，北至吴淞，南至闽粤，海上船只没有郑氏的令旗不得往来，而要得到令旗就必须向郑氏纳金两千。郑成功与荷兰人数次大战，崇祯十三年（公元1640年），双方达成协议，荷兰人也被迫向郑氏纳税。

郑氏富可敌国。他筑城于安平，开海路直通室内；自筹军队粮饷，无需朝廷供给。郑氏集团经济、军事实力强大，成为明政府维护东南平安的依靠，故有"八闽以郑氏为长城"的说法。郑芝龙并不完全听从朝廷调遣，明军在辽东松山不敌满洲兵，朝廷调郑芝龙援辽，郑芝龙不愿去闽北上，朝廷无可奈何。

顺治三年（公元 1646 年），郑芝龙放弃对南明隆武帝的支持，与清廷洽商投降，郑成功劝止郑芝龙不果。郑芝龙降清后数次奉旨命郑成功归顺，郑成功不从，坚持以台湾为基地抗清。顺治十二年（公元 1655 年），郑芝龙被弹劾纵子叛国，削爵下狱；顺治十八年（公元 1661 年）郑芝龙被杀。康熙二十二年（公元 1683 年），清政府统一台湾，郑氏集团灭亡。

龙游商帮遍地走

龙游县地处浙江省西部金（华）衢（州）盆地，是浙江东、中部地区连接江西、安徽、福建三省的重要通道。它在商周时为姑蔑古国之地，是姑蔑文化的发祥地，今属衢州市，是一个半山区县份。

> 龙游商帮是"十大商帮"中唯一以县为名的商帮。它包括衢州府所辖龙游、常山、西安（今衢江区）、开化和江山五县商人，因龙游县从商人数最多、名声最著，故以龙游为名。

龙游商帮兴起较早，明中期已活跃于大江南北。万历年间《龙游县志》记载：龙游商人"挟资以出，守为恒业，即秦、晋、滇、蜀，万里视若比舍，俗有遍地龙游之谚"。天启时，"龙游之民，多向天涯海角，远行商贾，几空县之半，而居家耕种者，仅当县之半。"龙游商帮至清康熙、雍正、乾隆间达于鼎盛。

龙游地方田少人多，力田所得有限，不能满足生活需要。王世贞（公

「龙游横山塔」

元 1526—1590，江苏太仓人，官至南京刑部尚书）说："龙游地硗薄，无积聚，不能无贾游。"2009年，当地在修缮横山塔时发现了明嘉靖年建塔时的铭文："祈保各家子姓，功名显达，买卖遂心，福如东海，寿比南山……"由此可见，当时龙游民间将经商获取财富与攻读求取功名相提并论，不但不"轻商""贱商"，而且是相当"重商""崇商"。龙游多产山货，竹、木、茶、烟、油、染料为其特产，粮食也大量输出外地。康熙《龙游县志》卷四："木之品多梓多柏，南山多杉，它为桐梓松柏之类，处处有之。"竹更是遍处广植，为造纸提供了大量原材料。龙游商人就地取材，从事纸业生产，这种亦工亦商的纸商称为"槽户"。历史记载，龙游造纸生意红火，尤其"开化纸"是清代名贵纸张，宫庭以及扬州刻书多用这种纸。遐迩闻名的纸品，吸引了河南、湖广、福建等地很多商人。

龙游商帮在珠宝业、印书业、屯垦业、长途贩运业等方面都有相当地位，此外还涉足矿冶、外贸等。当许多传统商人将经商利润购买土地或经营典当，以求获得稳定的收入时，龙游商人却敏锐地利用本地优势资源，转向手工业生产和工矿产业。龙游西有银矿，北有煤矿，浙闽赣交界处有铅矿，江西广信、上永两县有铅矿和木材，龙游商人都前往开采。以工致富，将商业资本转化成产业资本，这是龙游商帮一个很大的特点。

龙游商人足迹东到沿海，南到福建，西南到川、滇，北到北京；向外到日本、吕宋等地，因此也就有了"遍地龙游"之说。

勇于开拓、不畏艰险是龙游商帮一大优点。明清时期经济最发达地区是长江三角洲和珠江三角洲一带，秦晋滇蜀西部地区相对发展迟缓，龙游商帮却视之若比邻。至今云贵高原还有许多龙游人的后代，有学者因此称龙游商帮为"中国西部开发的先驱者"。史料记载，龙游商帮和江西安福地方商人5万余人，曾在云南姚安（今云南楚雄）地方经营，引起官府猜疑。从明成化元年开始，官府就行文浙江、江西，要遣返他们回原籍，可见龙游商人在当地活动规模和影响之大。官府说他们"置买奴仆，游食无度"，这有可能是指他们雇佣当地劳动力，一地一地轮流开垦。将土地作为生息资本经营，把商业资本转化为农业产业资本，这表示着新的生产方式萌芽。

龙游商帮所以能跻身于"十大商帮"并独树一帜，除了有开拓进取、不怕艰苦的精神和善于经营管理之外，较高的文化素养和诚实守信的职业道德也是重要因素。

儒雅，士人知音 姑蔑旧地素重文化，诗书礼乐传家，龙游商人出门为贾也不忘读书，造纸刻书成为龙游商帮主业之一亦与此相关。商人童珮是著名藏书家、刻书家，所刻之书质量上乘，深受学者欢迎。童珮有诗文集多部，还与人合纂《龙游县志》等，其学问为名儒盛赞。当时名流王世贞、王穉登、归有光都引其为座上客，并为之作序作传。

「龙游民居」

经营，聪明灵活 经营珠宝古董，不仅要善识真假，更要能物色客户。这类商品的顾主一般非富即贵，龙游商人有较高文化素养，言谈不俗，能够游刃有余。珠宝古董在携带转运中须防偷抢劫夺，龙游商人自有高招。王士性曾说龙游商贾善于伪装："千金之货，只一身自赍京师。败絮、僧鞋、蒙茸、褴褛、假痈、巨疽、膏药内皆宝珠所藏，人无所知者。"

另一位有名的龙游商人童洋，"其往大同宣府也，去则精金珠宝，来则盐引茶封，动有巨万之资。皆卷束于怀袖，舟车鞍马之上，萧然若贫旅，而无慢藏之诲。"

商德，诚信宽容　龙游商人重然诺守信用，恪守商业道德，不为蝇头小利而失信于人。商人胡筱渔向海宁布商订购 7500 匹石门棉布，价值数万，在运输中遭劫。这本属卖方责任，但胡筱渔主动承担损失，并再次预支 6 万订购石门布。傅立宗纸号，凡产品出店统一加印"西山傅立宗"印记，以示负责。龙游商帮雅量非常，善于与人合作，其他地方商人多愿到龙游营商。明清两朝从皖赣闽粤苏等地迁入龙游的氏族计 31 姓 209 族，大都很顺利地融汇入龙游商帮。

龙游商帮在清朝末年逐渐衰落。究其原因，一来当时世界格局发生巨大变化，中国的贸易开始从内陆向沿海转移，龙游不再占据地理优势。二来小富即安的思想日渐盛行，许多商人丧失了当年的锐气和雄心，加上不重视捕捉新信息和学习新知识，原有产业开始衰落。

商场如文场，"江山代有才人出，各领风骚数百年"。

宁波后浪连天来

"海日生残夜，江春入旧年"，在老牌商帮于清后期已趋式微之前，浙商中的后起之秀宁波商帮已初露头角。

宁波帮是指宁波府所属鄞县、奉化、慈溪、镇海、定海、象山六县在外埠经商，以地缘和血缘姻亲为纽带的商人群体。"宁波帮"真正后来居上，名列"十大商帮"，称雄商界，是在鸦片战争以后，特别是民国时期。

明天启、崇祯年间，鄞县药材商人在北京设"鄞县会馆"，这是宁波商帮出现的一个重要标志。从乾隆年间到鸦片战争爆发，是宁波帮迅速发展的时期。

宁波帮的正式形成始于 19 世纪 60 年代，其活动领域首先是南北洋埠际贸易和钱庄业，19 世纪 80 年代以后发展到工业，进而到 19 世纪末 20 世纪初确立了在工商界中的优势地位。

「今日宁波港可靠泊世界最大集装箱船」

1902 年，上海第一个商界团体——上海商业会议会所成立，慈溪人严信厚任第一任总理；1904 年，改为上海商务总会，严信厚任总董，定海人朱葆三为协理，慈溪人周晋镳为坐办；1912 年更名为上海总商会，到 1919 年，其总理或会长一职始终由朱、周两人轮流担任，宁波帮掌握了商会的领导权。1909 年，慈溪人洪宝斋创设"四明旅沪同乡会"，1910 年改名"宁波旅沪同乡会"。1911 年 2 月，"宁波旅沪同乡会"在四明公所举行成立大会，推荐李徽五为会长，虞洽卿、朱葆三为副会长。这样，到 20 世纪初，宁波帮在上海正式形成。

「严信厚」

宁波帮的起步阶段，也是从传统行业开始的。像银楼业、成衣业、药材业、海味业都是宁波帮早期经营的，只是他们特别擅长把大家都能做的事做得更精致并更成规模。

沙船贩运业与轮船航运业，钱庄业与银行业，是宁波帮发迹的两大支柱行业。

「虞洽卿」

　　宁波居中国海岸线之中点，南北洋往返的船只往往以宁波为停泊港，并以各地物产与宁波土特产交换。宁波、慈溪、镇海一带商人便创设南号和北号，置船装运，形成沙船贩运业。

　　西方新式轮船在中国出现后，沙船业日趋清淡，宁波帮在沙船余势尚存时，及时转营轮船航运业。中国最早以华商名义举办的轮船航运企业，便是宁波绅商于光绪二十一年（公元1895年）创办的外海商轮局和永安商轮局。1909年，虞洽卿、陈薰、严义彬、方舜年等创办宁绍商轮公司。1913年，虞洽卿独资创办三北轮船公司，第二年改名三北轮埠公司，后来发展为三北航业集团。三北航业集团包括三北轮埠公司、鸿安商轮公司、宁兴轮船公司和鸿升码头堆栈公司，是当时中国最具实力的航业集团。宁波帮另一航业集团以朱葆三为首，光绪三十二年（公元1906年），朱葆三创办越东轮船公司。1916年至1918年间，朱又联合谢蘅窗、盛省传、傅筱庵等，先后创办顺昌、镇昌和同益三家轮船公司。

　　沙船货运业和轮船航运业的发展，为宁波帮崛起积聚了巨额资本，不少人以沙船业发家致富后，再经营其他行业。

　　金融业是宁波帮商人高度重视的行业，他们大量投资于钱庄业和银行业。鸦片战争后，一些通都大邑的钱庄多为宁波帮商人所控制。上海资力雄厚的钱庄的股东大都是宁波籍富商，如镇海方介堂家族、李也亭家族、叶澄衷家族、宋炜臣家族，慈溪董耿轩家族、严信厚家族，鄞县秦君安家族、奉化朱志尧家族，都开设多家钱庄。

　　宁波帮在上海等地组建了多家银行，上海的银行业多为宁绍（宁波、绍兴）帮商人所掌握。宁波帮在上海通过投资新式银行，加上原来在钱庄的实力，金融势力大增，在江浙财界居于支柱地位。

　　宁波商帮一个极大的特点是顺应潮流，抢先进入新兴行业。鸦片战争后，欧风东渐，社会风气、市场需求都出现了新的变化。宁波帮把握住这种变化趋势，不失时机地更新经营内容，重点投资新兴行业，使其经营的许多行业在国内居于领先、制高地位。

　　凭借与洋行的关系，不少宁波商人充当买办，自营进出口贸易。洋布、呢绒、煤油、火柴、肥皂、矿烛、五金、西药、钟表等等商品或行业，都是宁波商人很早进入并做得有声有色。中国的第一只国产牙膏——"三星牌"牙膏，也是在 1922 年，由著名爱国实业家、宁波人方液仙创办的中国化学工业社生产出来的。

　　许多宁波巨商都经营房地产业。李泳裳、李屑清、李如山在上海组织天丰、地丰、元丰、黄丰四家房地产公司，在原静安寺路、沪西和杨树浦一带购进大片地皮，建造房屋出售。叶澄衷组织树德地产公司，购进上海苏州河北的 400 多亩地产，苏州河上大桥建成后，地价大涨，获利数倍。

　　宁波帮商人在各地经营新式服务性行业的不计其数。如在上海有中国旅馆等 13 家豪华旅馆、冠龙等 5 家照相馆、祥生等 8 家出租汽车行，还有"大世界"等大型游艺场和红棉酒家等高级酒店。

　　清代末年，上海已有股票交易，交通银行、通商银行等宁波帮商人掌权的银行，镇海巨商宋炜臣创办的既济水电公司，都有股票上市交易。1920 年 2 月，上海证券物品交易所开业，虞洽卿被推为理事长。同年，黄楚九、叶山涛等人集资开办上海夜市物券交易所。1921 年，定海人厉树雄等开设物品证券交易所。镇海人方稼荪独资开设乾丰证券号。此外，宁波帮商人在沪经营证券

「既济水电公司股票」

业的还有多家。宁波帮商人还竞相投资保险业。光绪十七年（公元 1891 年），朱葆三等人在上海创办华安水火保险公司，此后又组织华兴水火保险公司、华安合群人寿保险公司、华成保险公司。宁波商人在沪开设的保险公司还有宁绍水火保险公司、宁绍人寿保险公司、肇泰保险公司、四明保险公司等多家。

宁波帮商业文化特色比较明显，主要表现为：家族集团，共御风险；开放外向，把握趋势；先手发力，制高取胜；审时度势，稳步发展。"十大商帮"中，宁波商帮形成是最晚的，但它在整个发展过程中没有出现衰落阶段，这在各大商帮中绝无仅有。清亡之后，其他商帮纷纷衰败，宁波商帮成功转型，由封建商人转变为现代企业家，在中国近代史上称雄商界并且至今仍然活跃。

关于长江流域的商帮，到这里告一段落。

明清以来的商帮文化是中国文化的一个重要部分，其中如爱国主义、自强不息、负重进取、愈挫愈勇、诚信为本、富而好善等精神，是不因时代变迁而褪色的民族伟大精神；而其中的守旧、自私、封闭、腐败等，是需要唾弃的糟粕。今天，中国商界需要把提高商界的思想道德素质放在突出地位，倡导"以德治商"、"以信养商"，充实商界的文化底气，增强商界的"社会责任"意识，在社会主义市场经济条件下建设商界新风貌。

应运而生

在明清社会大变迁中，会馆应运而生。

会馆是在外地的同籍人组织，也是会众活动的场所，它可划分为士绅会馆、移民会馆、商人会馆三大类。士绅会馆最早出现并成为其他类型会馆的"蓝本"。

士绅会馆源京师

万事万物皆有头绪，会馆源头在哪里？

士绅会馆也称"试馆"，试者，科举考试。试馆的出现与中国封建时代政治制度有关，与科举考试更直接相关——它首先出现在京城顺理成章。

◎ 京官首事

明永乐十九年（公元 1421 年），明成祖朱棣正式将都城由南京迁往北京。原任南京户部主事俞谟转任北京工部主事，他从一路姓人手中买下前门外一处房产作为住宅。俞谟卸任回芜湖老家的时候，将此宅交付给同籍京官晋俭管理，以作在京的同籍官员、士人居停聚会之用，后来此处被称为芜湖会馆。

「芜湖会馆曾设于北京前门附近」

芜湖会馆是中国的第一所会馆，它开启了为同籍捐资捐宅建馆的先声，此后一些同籍会馆如江西浮梁会馆、广东会馆、福州会馆相继面世。李景铭《闽中会馆志》记载，"叶文忠向高（明大学士）、李文贞光地（清康熙朝大学士）、蔡文恭新（乾隆朝大学士）三相国，陈望坡尚书（道光朝刑部尚书）……皆舍宅为馆"。

俞谟捐宅为馆，并非一时心血来潮，其后继者也并非率性模仿。会馆的出现、兴盛乃至后来的衰落，俱是因缘时势，有其客观原因。

俞宅变身为会馆，同籍京官有了固定的活动场所，不仅卸解同僚的乡思之苦，更标志着同籍团体意识转变为同籍团体实体。明成祖迁都以后，南方各省官员对营建会馆热情极大，正是同籍团体意识和结成团体实体的愿望使然。在此背景下，会馆这一原系同乡官员聚会的场所便以自发自助的形式相继出现于历史舞台。到后来，由于商业的发展，商人也逐渐参与到营建会馆的事务中来，如创自嘉靖年间的歙县会馆就与商人的倡导和积极参与有关。入清以后，徽商资本日益雄厚，对会馆的捐助更有增加。

会馆以"籍贯意识"为最基本的联系纽带。籍贯意识是对"一方水土"、"同风共俗"的认同，它能唤起同籍人之间信任、共存、共护的感情，犹如一条"脐带"，将流寓异地的同籍人系在一起。这种认同在平头百姓，可以有"亲不亲，故乡人"，"老乡见老乡，两眼泪汪汪"等等表现，但在"上层"就不是这么简单。除了桑梓之情，它还派生出政治亲和力、信任度，极大地影响官员在政见、是非面前如何"选边站队"，直至结成利益集团。通俗地说，就是宦亦有"帮"。

明朝宣德年间有民谣："翰林多吉水（今江西吉水），朝士半江西。"便是指政府中居于要职的赣籍官僚通过开科取士营私舞弊，暗结朋党。洪熙、宣德时，朝中赣籍官员特别多，当时执政掌权的内阁大学士杨士奇就是赣人。整个宣德朝录取进士2081名，其中江西一省就有559名，占四分之一强，世人认为此乃杨士奇"私其同乡所致"。正德三年（公元1508年），宦官刘瑾为了扩充阉党势力，将同乡40人名单交给会试主考官，主考官不敢违抗，只得全部录取。在这样的背景下，举子一旦金榜题名，往往很快地就为朝廷中的同乡大臣网罗，以扩充壮大该籍在朝势力。嘉靖朝内阁首辅严嵩是江西分宜人，他就组成了一

「江西浮梁古县衙」

个以自己为首的江西帮，还恬不知耻地以赣籍官员之父自居。

起初的会馆之设，还因为存在另一种"刚性需求"——外地来京为官者的最初居住。

按照中国官僚制度，官员任职必须实行地域性回避，即不得在自己家乡任职，清代甚至还有"五百里回避"之制。这就带来一个问题，官员住在哪里？

中国古代地方官衙，正前面为正印官理事的大堂，大堂后面为官员的内宅；但是京朝官没有这个方便，他们必须或购置或租借。明清时期保留

了古代地方官衙的传统建筑格局，地方官员仍能以衙为宅，京朝官仍同前代一样，必须自己解决。直到会馆出现，京朝官的居住问题方得以缓解。除了京官，外省入京朝觐、办事的官员，吏部每月一次铨选聚集来的候补、候选人员，因修史、修书等文化活动而来京聚集的大批文人官僚，也有了临时落脚之处。

会馆平时是在京官员士人的"俱乐部"，逢年过节，则有祭祀、团拜、聚餐唱戏等。有记事诗曰："同乡团拜又同年，会馆梨园设盛筵，灯戏更闻邀内眷，夜深歌舞尚流连。"

> 早期的会馆并无不准女眷居住规定，居有私宅的官僚带着家眷聚集到会馆，无疑更增加了会馆中的乡情与家庭气氛。在乡音、乡情、乡俗与家乡美酒美食环绕之下，置身于他乡的人们"有如归之安，忘羁旅之苦"。

祭祀是会馆最经常的活动，祭祀对象有通祀神、本籍乡土神、先祖、本地先贤等，祭祀活动相当频繁。在香烟缭绕、礼赞庄严之下共履仪规，更加强了同籍人之间的感情联系，对家乡、家族的认同，对传统礼教的敬畏。

◉ 科举助推

清代闽县陈宗蕃说："会馆之设，始自明代，或曰会馆，或曰试馆。盖平时则以聚乡人，联旧谊；大比之岁，则为乡中试子来京假馆之所，恤寒畯而启后进也。"这就是说会馆有两方面作用，一是供同乡人士平时或节日聚会；二是为应试士人提供暂住之处，会馆将帮扶寒士、提携后进作为自己的责任。

明代之初，曾以进士、举贡、杂

「进士二字便是无限荣耀」

流三途并用之法来选拔官吏，永乐以后进士成为取士的第一要途，重要的官职尤其是中央官职大都被"进士"垄断，非科举入仕被视为"异途"而受歧视。金榜题名，便成了一切读书人的愿望。

明永乐十三年（公元1415年），三年一次的"会试"由南京正式迁往北京，当年赴京应试的各省举子达五六千人。众多举子在京的食宿历来是件麻烦事，贫寒士人尤其为难。政府虽给予应试者一定的车马补贴即"公车"，但众多举子及其随行之人要寻觅既宜暂居又宜备考的合适住处并不容易。京城虽有"状元吉寓"等这类由民户出租的住所，但房租较贵，一般士子难以承受；借居官舍或私人邸宅也多有不便，而且这类"资源"有限，不能为多数人解困，士子迫切需要一个更为方便的客居之处。

科举制度、官场生态，使应试入官人士时常将本籍观念萦绕心间，也让以地籍为标志的会馆成为聚集同籍士人，进而组织政治宗派集团最合适的"平台"。从应试举子这方面来说，除了本身难免攀龙附凤之想以外，也确实有解"燃眉之急"的实际需要。光绪时人夏仁虎描述会试期

「江南贡院」

间的京城，"市肆各铺，凡以应朝夕之求馈遗之品者，值考举之年，莫不利市三倍。"在这种时候，有会馆这样食宿便利、安心备考的处所，士人可说是喜出望外了；更何况悦耳的乡音还能给人一种意想不到的抚慰。

明中叶以后，会馆服务于科举蔚成风气，起初只是为同籍京官所设的会馆，就这样逐渐转向为来京应试的本籍士人服务。在京的近四百处会馆当中，约百分之八十是为各地官绅、士子进京解决住宿难题而设立，有的就直接称为"试馆"。

会馆对举子的服务可说是全方位的，周到而细致。

　　平时，会馆可以接待同籍京官暂住，但在考试时期都得为应试举子让路。如建于乾隆年间的福建龙岩会馆规约："住馆之例，京官让候补、候选，候补、候选者让乡试、会试、廷试，不得占住，以妨后人。其余杂事人等不许住宿。"

　　漳州会馆把它得来的收入，"除葺修费外，余资作为应试卷资"，"遇文武会试乡试及成均肄业诸君子试卷笔墨之费，可取资于是。"有的会馆还资助考生盘缠，对贫困和落第举子予以特别关照。

　　有的会馆为了本乡籍的应试子弟更多入仕，甚至不惜作弊。

「科举作弊用书」

　　光绪三十年（公元1904年）甲辰恩科会试，福州、闽县和侯官的来京举子，大多数聚集在福州新馆榕荫堂作考前的最后准备，侍郎张元奇、郭曾和陈璧、府尹沈瑜庆等京官皆轮流到馆指点。其时陈璧任读卷大臣，直接参与录取工作，他"每日到福州二馆，督同试子练习大卷。"那年两宫驻跸颐和园，殿试常在园中进行，读卷大臣必须提前一天入园候宣。陈璧乃事先遣部员"以健马候于福州新馆，各试子殿试出场，即将策前一行填为诗片，交马差半夜候门而出，天未明已代递。而读卷大臣之命下，陈侍郎果承钦差，故其门人多数皆列二甲"。（廷试以成绩高低分为"三甲"：一甲赐"进士及第"，只取三名，即状元、榜眼、探花；二甲赐"进士出身"若干名；三甲赐"同进士出身"若干名。）

　　种种服务一直延伸到考试之后。徐珂（公元1869—1928年）《清稗类钞》记：殿试放榜以后，榜眼、探花一起送状元回家，然后探花再送榜眼回家，探花则自行回家。名为回家，并不是回到本人的家，而是归回各自省份在京的会馆；即使这几位状元、榜眼、探花在京有家，也一定要先回会馆，然后再回自己家。会馆之中早就聚集了

「《清稗类钞》」

许多名人、名角，准备摆宴、演戏。以前历次科考高中的状元、榜眼、探花"三鼎甲"，只要当时在京城的也都会来庆贺。

> 　　唐代孟郊中进士后赋诗："昔日龌龊不足夸，今朝放荡思无涯。春风得意马蹄疾，一日看尽长安花。"将鱼跃龙门、喜不自禁的心情表现得淋漓尽致。众多金榜题名的科举幸运儿聚在会馆里庆贺，其欢欣喧腾与之相比有过之而无不及；对于会馆，这可是最值得期盼的时刻了。

　　争先恐后地建立起来的这些会馆，商人却不得其门而入。会馆虽然以乡籍为本，但士绅会馆所表现出的乡亲乡谊观念，却只圈定在官绅士人这一阶层；对商人、手工业者则往往作居高临下表情。例如安徽歙县会馆在乾隆六年（公元 1741 年）馆规：该馆专为来京应试举子而设，"其贸易客商，自有行寓，不得于会馆居住以及停顿货物。"湖南会馆也有工商医卜星象之人不能于会馆居住的规定。即使是商人参与创建、管理的士绅会馆，在这点上也不例外。

◉ 规约跟进

　　会馆最初是同籍官员"俱乐部"，自然也就由官位高与声望高的同籍人管理。随着会馆直接服务于科举的功能加强和商人力量的参与，会馆的管理体制也不断变更。如推行馆长制，或称值年制，设馆长或值年，总管会馆簿籍银两，处理会馆重大事务。有些会馆还设置干事、庶务、会计等职协助馆长。所有职务均由京官轮流担任，任期一年，没有报酬或只有微薄的车马费。

　　会馆的经费来源一般依靠官

「京城安徽会馆」

绅捐助，此外，通常也要收取一部分馆费。这些费用远远不敷会馆的日常开支，许多会馆不得不取经营手段，除了经营铺店之外，购置房产专门用作出租，也是会馆筹集经费的一种方式。显然，这都是商业行为，其过程少不了商人的直接参与。

早期的个别会馆虽然有若干馆约，但很不成熟，多属于封建道德、礼仪方面的内容。如汀州会馆馆约："惟礼让之相先，惟患难之相恤，惟德业之相劝，惟过失之相规，惟忠君爱国之相砥砺。"这样的纯原则性要求，很不便于操作。在长期的运行中，各个会馆根据客观形势的发展和自己的需要，制订了一系列条规并及时修订。这里摘录福建漳州会馆顺治十八年（公元 1661 年）规约的部分内容：

> 本馆轮流京官一位，收掌簿籍，主持宾祭，为馆长……
>
> 一位为馆副，锁钥、料理会馆中一应事务，务各一年交代。
>
> 馆中每半年清算，交代下手另置簿一本，将该充馆银定数备载簿内。每遇该充者，写公帖连簿送与新誉，随后敛收。
>
> 会馆为下马暂住之所，久住毋得过十日，毋得寄私物填塞公所。如非乡会之期，有闲房许照规税住，如携眷亦不许税住，以妨后至。
>
> 题喜金，初到则国学壹两，明经壹两，新乡榜贰两，新会榜肆两，会元及第倍之。文武一体特用爵恩荫荐辟三考等则八九品者壹两，七品叁两，六品肆两，五品以上捌两，三品以上拾陆两。铨官则外郎壹两，明经贰两，乡榜叁两，会榜伍两，册封恤科差回伍两，典试关仓等差陆两。太守陆两，各司道捌两，大参按察拾两，方伯拾伍两，巡抚京堂贰拾两，尚书侍郎贰拾肆两，相公叁拾两。起复补官则照各衔充半，京官则每年贰两……
>
> 房租每月大房定伍钱，小房定叁钱，所以充公费、备修理。凡欲住房者各于住日先交一月租银，方许久居。毋得任意拖欠，致坏公事。

乡会中式,馆长副请在京士大夫设音觞燕会,登匾题名。

乡官丁忧,会长副备香烛祭仪壹两,相率一吊。同乡诸友丁忧者,吊仪叁钱;或遭不测,盘费无资者支公银伍两为葬义冢。

馆中旧例:有待客茶果银,每月肆钱伍分,会副支销。每日客至待茶,岁首诸同郡绅士到馆相待茶果,则照壹两销算。

新客到馆受茶饭之礼,例应答礼。

「同籍人士金榜题名之时,此处便是笙歌乐舞之地」

馆中公会并应序齿,以洽乡谊。若名分相碍,坐于应让者肩下。至陪宴上官,便当序爵,不必以年齿固逊。

各上台及同乡出京入京,馆役打探某日由某门进预报。如有迟误,每一事迟误罚银贰钱。其各上台及同乡升补命下并吉凶诸事,禀报亦如之。

本府公祖父母或荣选命下出京,或朝见进表入京,俱设公宴一筵,丰俭随时斟酌,主席照公宴品位。临行郊饯一筵。

馆长收银不用银,馆副用银不收银;其有积余交馆长收贮,不得徇情挪借分厘,只可置房。会馆设收支二簿,会副司之。遇有出纳,白馆长开支登记数目,或置器物等项,皆细记之。

春秋祭本郡城隍之神,春以上元,秋以中秋。馆长副公办香烛牲醴,先期请知馆友,如期行礼。馆长主献,祭毕会饮,以齿为序……其五月十一日祝神诞,系今新增礼亦如之。

义冢,岁清明中元日,馆长副公办香烛牲醴,率馆友到行祭扫礼。如周围垣墙遇有崩颓，即会估修整，不可任其倒坏，致成荒冢。

「京城汀州会馆」

这份规约对会馆的经费来源（包括喜金、房租等）、会馆支出（包括迎来送往、茶果饮宴、香烛祭仪等）、财务制度（包括标准、执掌、簿籍、修缮、置产、保管、移交等），还有积余资金管理办法、日常例行事务等等，都作了明确具体的规定。这在很大程度上克服了过去仅靠官吏临时、偶发的自愿捐助的不稳定性，使会馆能够大体上保有经常性的运作经费和正常的秩序，发挥会馆的各项功能。

试馆既因科举制度而兴盛，它的衰微也与科举制度同行，再细密的规约也难葆朱颜长驻。20 世纪初，大清朝廷宣布实施包括教育改革在内的"新政"。1901 年 9 月，诏令修建各级学堂；自 1902 年起，科举考试开始加试策论，一切考试禁用八股文程式，分步骤废除科举制度。京师原为官绅、科举士子服务的会馆被迫转变职能，由原来以科举为轴心转为迎合并服务于近代资本主义的新式教育运动。光绪三十一年（公元 1905 年），中国延续 1300 年的科举制度宣布终结。随着固有功能的丧失，昔日冠盖往来的会馆转眼间"门前冷落车马稀"，专为应试举子服务的会馆在式微中勉强变身。曾经兴盛一时的福建会馆一度成为文人唱和的诗社，京城的许多会馆演变为同乡会。近代以来不少革命志士、文人学者曾借会馆作为自己相对安稳的栖身之地，有的会馆还承载了中国重大历史事件——这些，都是当初鼎力营建会馆的官僚士绅们始料不及的。

移民会馆似原乡

尽管中国人"安土重迁"的观念十分牢固，但在过去历朝，因战争、灾荒、任官、遣戍、军屯、发配、政令等等原因，人口流动却从来也没有停止。时至明清，人口流动较过去更显示出自己的时代特征，移民会馆也就大量出现。在长江流域，四川省移民会馆最为引人注目。

◉ 移民大潮

明末战争使四川人口锐减，经济凋敝。从康熙时起，政府颁布了一系列招民来垦的法令。如康熙十年（公元 1671 年），"定各省贫民携带妻子入蜀开垦者，准其入籍"。康熙二十九年（公元 1690 年）规定，"凡流寓愿垦荒居住者，将地亩给为永业。"同时，"即准其子弟入籍考试"。康熙三十九年（公元 1700 年）规定："以四川新设会理州原系番夷所辖，无籍可稽，免其编审"（编审者，调查户口、编订册籍，审定赋役）。直到雍正五年（公元 1727 年）政府还规定，"各省入川民人，每户酌给水田三十亩或旱田五十亩，若其子弟及兄弟之子成丁者，每丁水田增十五亩或旱田增二十五亩，实在老少丁多不能养赡者，临时酌增"。

在政府优渥政策的鼓励和经济利益的召唤之下，外省人主要是湖广、江西、贵州、广东等省人民，纷纷携儿带女，大规模移居四川。

雍正五年（公元 1727 年），清政府停止优惠性移民政策，但自发性的小规模

「四川洛带是著名的客家古镇，有多家移民会馆」

移民活动并未间断。云贵总督张允随说，自乾隆八年到十三年（公元 1743—1748 年），广东、湖南二省人民"由黔赴川就食者，共二十四万三千余口，其自陕西、湖北往者，更不知凡几。国家定蜀百有余年，户口之增，不下数十百万，而本地生聚尚不在此数"。宣统《成都通览》中说，"现今之成都人，原籍皆外省也"，其中绝大部分来自长江流域各地，以湖广、江西为最。

移民不再都是一文不名的走投无路者，相当多的人为了追求潜在的经济利益"各带盘费，携同妻子弟兄等安分前行"，其中一些人便在新环境里由"农"而"商"；而随着四川经济的逐渐恢复，入川经商并定居者也不断增多。

明清时期长江流域内区际人口的迁移，是中国封建社会后期人口地理变化的重要特点之一。民谚"江西填湖广，湖广填四川"生动地揭示了两湖地区在移民运动中的重要地位。

「洛带万寿宫」

在江南地区，湖广人口最稀，故明政府"迁江右士庶，以实兹土"，引导江西省人民迁入湖广。何炳棣先生（1917—2012年，著名史学家）统计湖北28个州县以及汉口镇的会馆设置，湖北共有 295 所会馆，其中江西 66 所；在湖南 22 个州县，共有会馆 178 所，其中江西 81 所。

两湖人又有不少外迁，四川是其主要迁入区。在川东的新宁县，"邑多楚人"，在川中，苍溪县"大约楚籍十之三四"，巴州"大约楚、赣来者十之六七"。在两湖向外移民的总数量中，湖北移民占一半以上。

由于语言、习俗等差异，还有资源、利益上的冲突，移民群体与土著民之间，移民与移民之间不可避免地存在矛盾。在大量外籍移民进入后，迁入地区政府行政管理方式、能力、效率的缺失弊病充分显现，很难解决这些矛盾。移民需要有一种内聚性的集体组织，以利互相帮助，共同应对外来势力，谋求自我发展。对乡土的眷念和共同的本土信仰等因素，使得人们自发地"互以乡谊联名建庙，祀其故地名神，以资会合者，称为会馆"。（《南充县志》）

清代西南地区的移民会馆多到"繁不胜举"，据有关统计资料，四川的移民会馆总数约为 1400 所。众多的会馆为移民复制出一个个"原乡"，在抚慰着移民乡井思念的同时，为他们排解有关生存、发展的一个个具体难题。

◉ 闻名识馆

移民在聚居地各自兴建了会馆，由于来源各异、信仰不同、供奉的神灵也不同，这就使得移民会馆不仅形制不同，单是名称便十分复杂。以下略举数端，从中可见会馆命名主要还是与主祀神灵、原籍地名相关。

湖广移民会馆最常用的名称是禹王宫，也有简称为"楚馆"的。此外，见诸文献记载的名称还有寿佛寺、湖广馆、湖广会馆、两湖公所、湖北馆、湖南馆等。湖广籍移民在西南地区尤其是四川地区特别集中，同治

「洛带湖广会馆」

《新宁县志》称"邑多楚人，各别其郡，私其神，以祠庙分籍贯，故建置相望。"这类湖广许多小地区的移民常常单设会馆，最常见的是湖广黄州人兴建的帝主宫，也称黄州会馆。湖广籍移民会馆名称载于方志文献的还有多种，如：真武宫、真武庙、靖天宫、大禹庙、三楚宫、黑虎观、长沙庙、楚圣宫、三楚庙、护国寺、三圣宫、濂公祠、濂溪祠，等等。

江西籍移民最常用的会馆名称是万寿宫，也有称江西馆、江西会馆的。因为江西古时曾为豫章郡，江西籍移民会馆名称便往往取"豫章郡"之意，也简称"豫馆"。江西籍移民在西南地区分布较为广泛，形成了许多地区移民会馆，其名称常常是地名加公所、馆、公馆、会馆等字样，如临江公所、抚州馆、庐陵公馆、南昌会馆、江右会馆等；此外，还有萧公祠、仁寿宫、文公祠、洪都祠、二忠祠、许真君庙、真君庙、水府祠、旌阳祠等名称。

广东籍移民会馆常见的名称有南华宫、广东会馆、粤东馆、粤东庙、西粤会馆、粤西馆、广东馆等。广东移民以其特有的语言和习俗特征，在西南地区的内聚力比其他省移民更强，因此其移民会馆的名称相对其他省来说更统一，变化不是太大，别名不是太多。

福建籍移民会馆常用的名称是天后宫和天上宫，也常称福建会馆或福

建馆。其移民会馆的名称比广东籍移民会馆的名称更统一，原因可能与广东移民会馆一样。其他见于记载的名称还有岳池、青神县的福圣宫和江油县的盖天宫等名称。

江南籍移民会馆在四川地区相对于上述数省不算太多，其名称除有江南会馆、浙江会馆、江浙会馆外，还有列圣宫、准提庵、三元宫、五显庙、先贤祠等。

贵州籍会馆常见的名称有忠烈祠、忠烈宫、贵州馆、黔阳宫、黑神庙和黑爷庙等。在某些地区也有别称，如秀山称南将军庙、简阳称黔西宫、潼南称惠民宫等。

「云南会泽江西会馆」

云南籍会馆最常用的名称是滇南会馆和云南会馆，其他见于记载的还有盘龙寺等名称。

广西籍会馆没有较统一的名称，除较常用的湘山宫外，一般则用广东和贵州移民的会馆代名，如犍为的荣禄宫等，也用寿福宫指称广西人所建的会馆。

四川籍会馆常用的名称有川主宫、川主庙和二郎庙；而在长寿、綦江、丰都和贵州正安州、桐梓等地称万天宫；西昌、冕宁、犍为、江津和云南宁洱、巧家、顺宁等地称惠民宫（璊珉宫），在广安称西蜀会馆，在灌县称华光祠，在镇雄称川圣宫，在茂州则有川主楼之称。

在西南地区的北方籍移民会馆以陕西籍移民会馆最多。其名称常见于记载的有武圣宫、三圣宫、忠义宫、陕西馆和关公庙、陕西庙等名称。此外在许多地方还有地域性的别称雅号，如在什邡县称玉清宫，万源县称朝天宫，巴县称三元庙、仁寿宫，芦山县称秦晋宫。

除上述各类移民会馆外，在西南地区还有一些本区域内的移民会馆。如在成都有川东公所和川北会馆；昆明和蒙自有建阳会馆、迤西会馆；保山有腾阳会馆、迤东会馆、四川会馆，等等。

在一些移民较少分布的地区，还出现了多籍不同区域移民共建一个会馆的，如成都燕鲁公所，为直隶、山东、八旗和奉天共同的会馆。及至清末，随着移民不断被当地同化，移民乡土观念逐渐淡化，一些移民众多的地区也逐渐形成多地区商民共办一馆的趋势。这对促进不同籍的移民相互融合，继而利益共享、权益同护、风险分担有积极作用，显得更为务实，故在社会实践中得以风行。如简阳黔西宫实际上是川黔二省人的会馆；犍为有吴楚宫和蜀楚宫；都匀有三省会馆；昭通有五省会馆；江油的五省联合会馆则因奉祀火神被称为"火神庙"。

● 力求发展

移民去异地多是追求经济开发、力求在新天地有新发展，谋取比原住地有更大利益；因此，移民会馆既是社会性组织，也是经济性组织。它们与大都市和工商市镇的商人会馆有同样的目标追求，这使它在分布上也表现出相应的特点。

明清时期河海运输业的发展为长途贩运商提供了必需的条件，移民经商者便聚集在滨海沿河地区，进而创建起会馆。例如苏州商业的发达，得益于海运和大运河的漕运，万历年间，苏州就有了福建商人设置的三山会馆，康熙年间有了齐东会馆，乾隆年间有了钱江会馆。

「历经沧桑的会馆门额」

就长江流域而言，东到上海，西到江西、湖广、四川的沿江地带，都是会馆遍布。但在西部地区，除了沿长江而上的成都、重庆外，更为向西的地方由于与外界的联系相对较少，会馆就较为稀疏了。

「成都陕西会馆」

作为客民的保护者和管理者，会馆在为会众争取利益的同时，也努力使客民能尽快融入当地社会。比如会馆常常举办演戏、祭祀、年节庙会等活动，以此联络乡友会众和客居地社会各界人士，增进相互间的交流，并在此基础上协调利益，缓解土客之间的矛盾冲突。而随着当地经济与社会的逐渐发展，利益关系重新调整，人们的畛域成见也会逐渐淡化。

为了让移民在异乡获得生存、发展的最好环境，会馆本身也需要正常运转和持续发展。在任用人选、决策议事、理财、课罚等方面，会馆逐渐建立起严格的管理制度和可行的办法。

「湖南会馆」

移民会馆一般都有其本乡的领导者，习惯以"客长"相称，但实际上在西南地区各个不同地方，移民领导者的名称并不一样，有的就称为"值年"、"会首"。清代四川有"麻乡约"组织，可能湖广籍麻城移民会馆首领也有称为"乡约"的。当时有称会馆的领导者为"官民上下间之枢纽"，所以"非公正素著之人不能膺斯选也"。会馆一般按年用"衣幅银两"作为报酬给"客长"和"乡约"。

一般来说各个会馆都有自己的房产、田产，用以租赁以获得经济来源，作为会馆运转、维护经费。

这里从《湖南商事习惯报告书》及其他资料，可对湖南会馆日常管理有所了解。

董事　会馆的管理、经营者称"董事"，由同乡或同业商人会议推选产生。一般推选老成练达、处事公道、为人信服者，或者富于资产者；如果能够二者兼备，那就尤为可贵。

为避免日久弊生，不利于会馆发展，董事一般都是轮流管理会馆事务，如株洲的会馆，各董事任期以三年为限。也有会馆或公所不设董事，而由各商号轮流"值年"。

经费　经费的收入和开支，是任何会馆或公所都放在首位的事情。湖南各地会馆经费有基本金、常年经费、临时经费三种。

会议　这是会馆或公所处理事务的主要方式，分常年会、临时会两种。常年会一般每年举行一次，会期常常是该会馆或公所祭祀的神灵诞辰日或有特殊意义的日子，会议内容是同乡、同业联谊，或改选董事。

「三月十五是财神诞辰，这天便是钱业会馆的年会日」

临时性会议专为解决特别事务而召开，主要处理会员或商号之间的纠纷，会员中的违规行为，如未经本行允许擅自开业等问题，而最为经常的是调整价格。凡同业争议不决之事，都由会馆先行评议。

罚则　这是对违规会员进行处罚的制度。"违反公议条规，则有处罚之法，此商事惯习，所以与法律相关也。"行规实际上是商界的法律，湖南各会馆或公所所定罚则因时、因地、因行业不同而异。有罚戏者，有罚酒席者，有罚钱或货物者，也有三项或两项并罚乃至更为严重的处罚。

进入近代后，随着经济文化的不断发展，移民间的政治、经济、文化交流增多，乡土观念逐渐减弱；而经济的发展又促使各地移民在经济与市场共营方面进一步加强合作，移民会馆的传统乡土情谊维系功能逐渐削弱。以西南地区为例，逐步出现的多省籍联合移民会馆，正是这种经济与市场联系加强而乡土观念淡化的反映。同时，有的"客长"、"会首"趁人们乡土观念淡化之际，利用手里的权力，将会馆公产逐渐变为私产，移民会馆"久则为有力者所把持"。

民国初期军阀混战，许多军阀仗恃武力，与会馆执事勾结而攫取了许多会馆。民国时期又曾取缔"淫祠邪祀"，诸多会馆被变卖作为他用，有的变成医院、地方政府办公处所、中小学、市场、工厂、戏院、公园等，有的则变卖成为私人住所和私祠，还有一些则因多种原因被毁坏。随着其历史身份与功能的淡化，移民会馆逐渐退出历史舞台。

商人会馆翩翩来

会馆产生之初，本来就是为了满足流寓之人思乡、结友、求助的强烈需求，这种需求人皆有之。但是，士绅会馆对商人是排斥的，即使是有商人参与创建、管理的会馆也是如此。

"关山难越，谁悲失路之人；萍水相逢，尽是他乡之客。"乡愁并非士绅专有，长年辛苦负贩、奔波江湖的商人，对浓缩乡情的会馆也许企盼更甚；更何况商业活动需要集会、议事、管理，商人需要结帮抱团。商人在心中悄悄勾画自己会馆的模样。

「上海三山会馆」

◉ 瓜熟蒂落

商人会馆的出现，是以生产力、商品经济、市场发展到一定程度为重要前提的。

「推行"一条鞭法"的明宰相张居正」

明代农业生产力明显提高，粮食亩产245斤，与宋代相比平均增产80斤；清代亩产310斤，比明代又增产65斤。万历年间推行"一条鞭法"，农民为缴纳赋税而在市场交易中以粮食换取白银，使大批粮食进入市场。小农经济结构发生变化，商品性生产比重增加，经济作物种植面积不断扩大，这些经济作物无疑都要进入市场而非生产者自己消费。

与此同时，手工业产品增多，民营工业也得到发展。松江棉布有"衣被天下"之称；南京有织缎机三万张、织绸机一万张，产品遐迩闻名；广州有

"广纱甲天下"之称。不仅大都市如此，江南盛泽镇明初尚是只有五六十户人家的村庄，嘉靖年间居民增至百户，且与农业分离，皆"以绸绫为业"。乾隆时，"居民百倍于昔，绫绸之聚亦且十倍。"一批小市镇成为居民繁盛、生产能力甚高的专业市镇，产品大大地丰富了市场。

商品经济持续发展，市场网络也逐渐形成并日益扩大其在经济生活中的作用。

农村集市有很大发展　以福建省为例，明代弘治年间八府一州有 168 个集市，至清代乾隆年间已达 700 多个。集市是土特产的集散地，数量增多，密度增加，更能发挥生产者之间互通有无、调剂余缺的功能。

城镇市场繁荣　明清时期大城市遍布全国，如北京、南京、扬州、苏州、杭州、广州、成都等，商业都十分繁荣。除此之外，还兴起了一批新的市镇，如长江沿岸的沙市、九江，运河沿岸的济宁、天津、淮安等，江南的盛泽镇、王江泾镇等。

「这些美丽的江南小镇往往也是经济发达的专业市镇」

这些市镇位于交通要冲或经济发达地区，它们将农村集市联结起来进入市场网络。

区域市场发展　中国地域广阔，地形复杂，风俗习惯各异，由此形成了一个个相对独立的经济单元——区域市场。它们调剂本区域内城镇市场、农村集市的余缺，是区域经济发展不可或缺的。如明清时期的岭南市场、苏松市场、湖广市场、淮北市场、漳乐市场、齐鲁市场、京津市场、潞泽市场、关中市场、川滇市场、辽东市场等。

全国性市场形成　随着各地区经济的发展及商路的增辟，各区域市场的经济联系日益频繁，形成了全国性市场。

清前期出现了"天下四大聚"——"北则京师，南则佛山，东则苏州，西则汉口"，聚者，中心，"四大聚"是全国性的市场交易中心。

市场网络形成并扩大，为商人提供了广阔的舞台，也为更多人从商提供了机会，从商人员较前代大大增加——换句话说，也就是离开本乡本土在外奔波的人大大增加。

「王守仁」

伴随着商品经济的发展、商人的成功，轻商、贱商的传统开始发生变化。士大夫对商人及其所事的商业，由卑视、敌对转取认同的态度。

明代著名思想家王守仁明确地承认商贾的社会价值："古者四民异业而同道，其尽心焉一也。士以修治，农以具养，工以利器，商以通货，各就其资之所近，力之所及者而业焉，以求尽其心。其归要在有益于生人之道，则一而已。"工、商与士、农一样有益于社会，没有高低贵贱之分。

颜李学派的重要人物王源主张提高商人的社会地位，"夫商贾之不齿于士大夫，所从来远矣，使其可附于缙绅也"，他认为商贾的社会地位可接近士大夫。

商人及商业的社会价值得到较为普遍的认同，使商人会馆的出现获得社会舆论环境。

从商人这一方面来说，奔走异乡，异样的文化氛围，难免让人精神无所依托，在与同乡商人的交往中获取文化认同，无疑是最佳、最现实的方式。在明清会馆中，由地缘关系组建的会馆占绝大多数，这表明归属感的需要是商人会馆建立的心理动因。商贸活动的目的是获取商业利润，同一地区或同一行业的商人，需要在一个共同的"屋顶"下凝聚为一个整体以与各种不利因素抗争，没有比"会馆"更合适的了。

> 明清以来，客商不断土著化，占籍的商人除了想在客地成为地主，另一个重要动机便是希望自己的兄弟、子孙能在客籍参加科举考试，并由此进入仕途。商人的异地落籍也有力地推动着商人会馆的建设。

市场扩大、商人增多、社会对商人及商业的认同，为商人会馆的出现提供了历史条件；归属感的需要、捍卫商业和商人利益的推动，还有商人逐渐增长的实力则把愿望变成现实。

瓜熟蒂落，商人会馆翩翩而来。明万历年间，由粤商创建的岭南会馆、由闽商创建的三山会馆出现在苏州，这是最早的商人会馆。随着商业的繁荣，商人会馆不断涌现，并且成为明清会馆中数量最多的一部分。

与士绅会馆相反，工商会馆给予同乡官绅相当的尊重。如苏州的潮州会馆，"凡吾郡士商往来吴下，懋迁交易者，群萃而憩游燕息其中。"吴兴会馆，"虽为绉绸业集事之所，而湖人官于苏者，亦就会馆内团拜宴集，以叙乡情。"商人会馆经常安置官绅，为他们提供所需的服务；而官绅参与商人会馆的创建也屡有所见，甚至官员的参与成为会馆生存与保障的一种力量。苏州在近代以前（即公元 1840 年以前）建立的 40 所会馆中，就有 7 所是仕商合建的。从今日所见有关会馆碑刻等历史资料看，官绅参与捐建、管理的事例十分普遍。

明人周晖的《二续金陵琐事》记有一则轶闻：王世贞与詹东图（均为明代著名文人，王曾官刑部尚书，詹郁郁不得志）闲谈，王世贞说，"新安贾人见苏州文人如蝇聚一膻。"詹东图答道，"苏州文人见新安贾人亦如蝇聚一膻。"王世贞笑而不语。

王詹对答，透露出绅、商正在互相走近。在商人会馆，绅商两相欢洽，这可视为商人与官绅的相互依存，亦可看作是商业社会中官绅向商人靠拢并寻求支持的趋利务实

「王世贞」

化表现，更是对传统秩序中轻商贱商习俗的公开挑战，它折射出社会价值观的渐变态势。

◉ 相辅相成

"一镇商人各省通，各帮会馆竞豪雄。石梁透白阳明院，瓷瓦描青万寿宫。"这是清人叶调元（约生于嘉庆四年即 1799 年）所写的一首汉口竹枝词。词下有注：阳明书院即绍兴会馆，梁柱均用白石（汉白玉），方大数抱，莹腻如玉，诚钜制也。江西万寿宫瓦，用淡描瓷器，雅洁无尘，一新耳目。汉口会馆如林，之二者，如登泰山绝顶，"一览众山小"矣。

简练的文字描绘了在会馆林立的汉口，会馆之间"竞豪雄"的劲头。实际上，竞斗争雄的是峙立于会馆背后的商帮，商帮强大则会馆气盛，商帮衰落则会馆憔悴，会馆与商帮互相依存。

> **形象宣示**　雍正十三年（公元 1735 年），吴应棻出任湖北巡抚，他"甫下车，即渡江至书院，宣读圣谕，凡孝弟农桑，讲信修睦，皆一一为父老子弟亲加劝勉"。这所书院就是紫阳书院，又名新安书院。不仅是巡抚大人，徽州商贾仕宦、著名学者，凡过汉口，都会到这所书院或拜谒或讲学。

「紫阳书院」

紫阳书院其实就是徽商会馆，但又确实是一所有名有实，而且与众不同的书院。清康熙七年（公元 1668 年），它由徽州六邑（歙县、休宁、婺源、祁门、黟县、绩溪）商人初建。书院崇祀的是同乡朱熹，关注的是寓居汉口的商人和商人子弟，目的在使"阛阓贸易之人，咸知尊道乐文"，"必也从事于伦常日用之间，不悖孝弟忠恕之道"。书院建有御书楼、藏书阁，收藏有大量经史子集图书。时任湖北汉阳知府的安徽人赵玉在《紫阳书院志略序》中说，"盖尝论之，各省之会馆遍天下，此之书院即会馆也，而有异焉：崇祀者道学之宗主，而不惑于释道之无稽；参赞之源流，而不堕于利名之术数。入学有师，育婴有堂，燕射有圃，御藻有楼，藏书有阁。祭仪本《家礼》，御灾有水龙，通津有义渡，宾至如归。教其不知，恤其不足，皆他处会馆之所无；即有，亦不全者。"

徽州文化中的精华，对崛起时期的徽商起到"固先天之本"的作用。会馆在展示地域文化的同时，为商帮社会形象"定位"，为发展方向"定向"。有无这种文化支持，决定商帮能不能更高处立，更远处行。规模宏大的紫阳书院，正是强势宣示徽商作为"儒商"之立足与众不同，这怎不叫徽人为之骄傲！

汉口山陕会馆里有一座春秋楼，其碑记这样写道："吾愿登斯楼者，无徒咏汉阳芳草之句，与晴川黄鹤同作眺览嬉戏之想。盖所以作忠臣义士之准，而非以供骚人墨客之娱，此春秋楼之所以有也。"这就是宣示山陕商人坚持传统优良道德，身为商贾，却力行忠勇信义。

「汉口山陕会馆春秋楼，法国人拉里贝拍摄于 20 世纪初」

这并不仅仅是对外宣示，它也促使商帮经常自省自律。

道德建设　市场经济的发展，经商获利与耕读传家的巨大反差；再加上市场上从来都存在的不正当竞争，必然伴生与传统道德相冲突的价值观念和行为方式。流动中的人们脱离了家族、宗族的"监护"，也难免出现不同程度的道德迷失。会馆在推动市场经济走向规范化的过程中，特别注重商帮的道德建设与完善。

嘉庆十四年（公元 1809 年）《重修仙城会馆碑记》："考之史传所载，若鲍叔之分金，弦高之犒师，陶朱之三致千金，白圭之为治生祖，皆卓然有过人之行，而后能拟千户之封，此岂有今古之殊者哉。昔斯馆之设，以为岁时祀神祈报，退而与父兄子弟燕饮谈论，敦乡情，崇信行，而为此也。"在这里，会馆把发扬传统美德作为商人事业发展的先决条件，把历代商业活动中的道德君子明确奉为典范，强调在这一点上古今通同。用今天的话说，这些都属于重要的"软实力"、"企业文化"建设，它在很大程度上影响商帮能否持续发展。

规范竞争　一个大商帮内往往还有各个分支（有的以小地域或经营内容区分为不同的"堂"或"纲"），由小团体利益产生的分歧不免影响团结。会馆对本帮内的矛盾，能通过桑梓情谊感化、神灵崇拜诱导、帮规行规仲裁等多种手段处理。解决好"内部矛盾"对维护本帮发展自然是至关重要的。

「河南洛阳潞泽会馆」

会馆既约束本商帮商人的行为，制止非正常竞争，维护商业道德，树立本帮形象，同时还参与大市场的竞争秩序维护，保护本商帮的利益。在对外方向上，会馆更能以一种社会组织的身份和力量在各个层面周旋。例如土著商帮与客籍商帮之间、客籍商帮与客籍商帮之间常有利益冲突，各帮自有会馆，便能在较高层面上来化解这些冲突。又如牙行本是交易的中介，但有一些牙行却常有强行收取佣金、压价抬价等劣行，还有官府常常巧立名目勒索商人，个别商人的抗争，往往难有效果。会馆代表一种社会力量有时甚至是很大的力量，官府、牙行就不能轻视。嘉庆年间，洛阳税征部门对梭布加重税收，洛阳山陕布商由潞泽会馆出面，将官司打到河南布政使处，历经一年，终于胜诉，"照准奏册完税，停止苛征"。

会馆促成商帮的形成与壮大，商帮的壮大又推动会馆的繁荣，二者相辅相成。

◉ 好自经营

会馆管理的要点，一是要规避风险，二是要谋求发展，这比起建立一座会馆，是更为持续也更为重要的事。

「宁波钱业会馆」

有的会馆是馆长负责，也有的在规模变大之后成立董事会，并聘有专职管理人员。为避免一人长期执掌而生弊病，董事一般都是任期制，轮流管理；也有会馆或公所不设董事，而由会馆属下的各商号轮流"值年"。

从史料看，商业性会馆下设"福"、"会"、"纲"、"堂"等子机构是普遍现象。在有关事务上，会馆与子机构有统一有分散。如广东南海、番禺、顺德、新会四县商人在湘潭合建会馆，祭祀关羽，起初四县人共同祭奠，后则分开。南海有粤魁堂、番禺有禺山堂、顺德有凤城堂、新会有古岗堂，各堂自立规约，处理同县人事务；若事关全馆，仍统一号令。

无论哪种形式，会馆的主事者是最重要的。这位主事者最好是政治权力、经济实力二者兼备，所以会馆一般都会聘请本籍官绅中既有财又有才、人品好、办事公道、有声望者担任会馆领导。这既能提高会馆的品位、知名度和影响力，也能增强会馆的政治与经济实力，有利于对外开展活动，延揽骨干精英力量到本会馆来。

清代中期以后，政府尤其注重通过士绅们的积极倡导，发挥地方富民在公共社会事业和社会稳定等方面的作用。寓居客地的士绅则往往牵头发动本籍的官商共同致力于会馆建设，并进而通过会馆实现对流寓人众的管

「李鸿章」

理，以求全社会的稳定和秩序化。《苏垣安徽会馆志》记载，从同治二年（公元 1863 年）至光绪五年（公元 1879 年）共十六年间，当时署理江苏巡抚办理通商大臣事务钦差大臣李鸿章倡捐一千两银子建设安徽会馆，这就是一个很好的例子。所以，商人会馆中多有官僚士人参与或主持馆务就不奇怪了。

> 封建时代，乡井通常是人们体现自己人生价值的重要舞台，所谓"富贵不还故乡，如衣锦夜行"。会馆是乡井"复制物"或曰"替代物"，正好给离家在外的"有志者"提供这样的舞台。

中国士大夫一般都有"治国平天下"的"情结"，抱负虽大，实现却需要多种条件包括机遇，以奇功伟业而流芳百世谈何容易！所以，官绅阶层一般都把参与会馆事务作为一种荣耀之举，很乐意为之"牛刀一试"。《潮州会馆碑记》记载，进士马登云等待铨选，潮州会馆在董事更替的时候，便请他来作董事。马登云三载"克振基业"，大力为会馆造福，赢得家乡士商的认可和赞誉。

有了主事者，随后的事便是规则。上海的潮惠会馆以二十字概括该会馆五条原则：

事从公论：事无大小巨细，听取众人意见，公开、公正、公平，兼顾各方权益。

众有同心：遇事众人应同心协力，有难同当、有险同承、有益同享、有权同护。

临以明神：面临重大问题需作抉择时，要禀告神明，求神护佑，祈神指示。

盟之息壤：权衡利害、求同存异，为维护长远利益可作必要退让。

俾消衅隙：以会馆的力量来调解、消除内部各种矛盾，增强团结。

这五条原则大体上也可视作明清会馆内部运作的通行原则。光有原则还不够，具体而完备的规章同样不可缺少，这里摘录上海的福建建汀会馆规章，它大体包括四个方面。

领导的产生及职责：会馆董事建郡公举一人，汀郡上杭、永定两邑各举一人。凡遇公事集议，由司事着馆丁传单咨照。各项收支银钱出入，归上、永两邑各延司事递年经理，每年于上元节交替。所有田、房各产契据及器皿杂物，由各董检查后交司事管理。如有缺少及擅用公款而未经集议者，惟值年司董是问。除田房各产数目业已勒石外，杂物器具另立两簿：一存会馆，一存司事处，以便随时核对。

经费来源及管理：会馆捐项，永邑龙岗会每年总捐洋 50 元，上邑仍照月捐长生会旧章，归值年司事按期收取。建郡纸、棕各货捐，仍照旧章抽厘，归值年司事收取。捐款除常例支用各费外，积有成数，公择庄号暂存生息，以备添置祀产。

祭祀与殿堂管理：会馆供奉圣母殿庭厅事，理宜洁净，应令馆丁随时洒扫。朔望神前香烛向司事领点，不得稍有怠忽。并不得留宿亲友，以及匪类聚醵赌博等事……

丙舍义冢的管理：会馆丙舍冢地，系建汀两郡义举，他帮人棺木概不得进厝埋冢。棺木入厝及埋冢地者，均须保人向司事处报明亡人姓氏、籍贯、男女、大小，由司事给发对牌，方准入厝冢。丙舍为暂寄之所……今定三年为期，逾期不来领回者，由会馆代瘗。棺木进厝，男女分停，毋得混淆……其葬法只准挨次排列，不得自择出向，致乱公举……

「祭祀从来就是会馆的大事」

　　历来为"重中之重"的是经费筹措与使用。会馆收入来源包括捐项、厘金、香资、房租、利息、批头等项，支出则包括会馆的维修、祭扫、演戏娱乐、日常接待、义棺义冢等。各会馆有各自的运行规律，其收支项目、额度大小、收取办法都颇有差异。

有的会馆设有"纲"等子机构，则根据每年开支预算，按不同的比例分摊给各纲，包括不同节日的祭祀与演戏也分别由不同的纲来分担。这种分担并不是平均承担，而是根据各纲实力大小承担不同份额，各纲再根据本纲的特点，或向会员征收，或以买房出租办店等其他方式取得收入。

汉口的商人会馆也多有收取厘金的办法。如江西会馆规定："（甲）凡新开店者，当出钱一串二百文。（乙）新来汉口为店员者，当出入帮钱四百文。（丙）自他帮雇人之徒弟，当出钱五百文。"（丁）徒弟入会者，当出钱五百文……"再如在上海的绍兴会馆也规定："凡我同业者，卖大箱之茶课四分，小箱课一分五厘，按期纳付，不得有误。"

「汉口江苏会馆旧址」

商人的经营才能，在商人会馆的维持与发展上得到充分表现。如汉口紫阳书院取纯商业化操作，它购置市屋出租，以租金作为膏火修葺之费，以盈余再行增置。到嘉庆时，汉口紫阳书院共置有市屋9处，总计数百间，出租给商家，每年收市屋租银共计4404两。而当时书院祭祀、工役、门摊、钱粮等各项费用支出，每年共计约1830两，尚有盈余银2500两左右，这就使得书院在持续发展和坚持为桑梓服务的慈善事业等方面都能应付裕如。

无处不在

　　在士绅会馆、移民会馆、商人会馆这三大类型会馆中，商人会馆数量最大。在长江流域，商人会馆占绝大多数。

　　商帮、商人无处不在，会馆无处不在；在当时的社会生活中，会馆也是无处不在。

有江河处有会馆

商业之行在于交通、流通，长江及以它为主干的水运交通网络，以最慷慨的态度、最经济的方式支持着流域的商业。夸张点说，有江河处就有商业市镇，就有忙碌的商帮、商人，就有缤纷的会馆。

⊙ 长江上下

明清时期，长江沿岸已有许多经济发达都会、城镇，一脉江水将它们联结起来，犹如穿起一串璀璨的明珠，长江上下会馆林立。

南京 明朝建立后，南京先是帝都，后作为留都和南直隶的政治、经济、文化中心，这里的会馆得到了长足的发展。范金民先生对南京会馆数作了详尽考证，认为至少有 39 所，绝大部分当建于鸦片战争前，经太平天国十年兵燹，可能毁圮者较多。

重庆 在乾隆年间《巴县志》中，已记载重庆城内有陕西、江西、江南（江苏、安徽）、湖广（湖南、湖北）、浙江、福建等六个省级会馆；光绪时张云轩绘制的《重庆府治全图》，又增加了广东公所和山西会馆，这就成为后来所说的"八省会馆"。加上后来的云贵公所，重庆曾有 9 处省级会馆，涉及 12 个省的移民。除了省级会馆外，还有相当多的府、州、县所建地区性会馆，不可胜数。

汉口 汉口的会馆始于明末，繁盛于清。1920 年《夏口县志》统计，汉口各公馆、公所 200 余处，明确有建设年代的 123 所，其中清道光以前的 37 所。1911 年 10 月辛亥革命，"阳

「拉里贝拍摄的汉口山陕会馆戏台」

夏保卫战"中，清军火焚汉口三日不熄，许多会馆未能幸免。

汉口山陕会馆是全国最大的山陕会馆，由山西、陕西旅汉商人修建。"创始于康熙癸亥（公元1683年），被毁于咸丰甲寅（公元1854年），复兴于同治庚午（公元1870年），工讫于光绪乙未（公元1895年）。"会馆规模宏大，正殿供奉关羽。有客房数十间，并有栈房，还设有瘗旅公所。2012年，中国网友"枫影斜渡"在法国国家图书馆发现一组汉口山陕会馆老照片，十分精美，系由1905年至1910年在法国驻华公使馆任职的菲尔曼·拉里贝少校拍摄。"枫影斜渡"翻拍后赠送给武汉市民田联申先生，田先生将它们捐赠给筹建中的武汉商业博物馆。

沙市 湖北沙市（今属湖北荆州市）在长江中游，到清代中期，沙市成为湖北第二大都市。据乾隆《江陵县志》，这里建有黄州、武汉、晋陕、福建、徽州、江西、金陵、吴兴等八个会馆；到晚清，更发展为十三个商帮，各建有会馆或公所。

芜湖 芜湖曾是中国四大米市之一。据《芜湖县志》，芜湖第一家会馆是山东会馆，建于明代，名护国庵。太平天国时期毁于战火，同治五年（公元1866年）在旧址重建，"改称曰山东会馆，崇奉孔子"。

「芜湖新安文会馆旧址」

此外还有徽州会馆（此前有新安文会馆）、广肇公所（又名广东会馆、广东同义堂米业公所）、湖南会馆、湖北会馆、潮州会馆、庐和会馆（即江北会馆）、泾县会馆、太平会馆、旌德会馆、山陕会馆、安庆会馆、江苏会馆、宁波会馆、浙江会馆、江西会馆、福建会馆、潇江会馆等多处。

扬州 扬州地处南北交通枢纽，盐商聚集之地。万历年间，梅花岭成为会馆聚集地，清代，各地会馆迁至运河边。在扬州的会馆，除浙绍会馆、宁波会馆、京江会馆由丝绸、金融等行业商人设立，其他会馆多由各地盐商设立。有湖南会馆、湖北会馆、岭南会馆、山陕会馆、旌德会馆、四岸公所、银楼会馆、场盐会馆、淮南公局、安徽会馆、江西会馆，等等。

镇江 镇江与扬州隔长江相望，在清前期有"银码头"之名，以铸银和交易量著称。鸦片战争前镇江已至少有浙江、山西等地会馆。太平天国后，直隶、山东、河南、山西、陕西北五省会馆修复，广东、浙江、福建、庐州、新安、旌太、江西等7所会馆重建。学者推断，太平天国前镇江至少有12所会馆。

「上海商船会馆」

上海 上海是晚近兴起的商业都会，最早的会馆为康熙五十四年（公元1715年）的商船会馆，由无锡、金匮、崇明众沙船商共建。其后的会馆仅有两所明确记载由绅商共建，其他皆为商人所建。上海地区共有会馆43所（不包括地域性、行业性公所在内）。

长江干支流所及的一些省的省会城市、如昆明、成都、开封（1954年河南省会由开封迁往郑州）、广州、杭州等地，都有为数不少的会馆。

◉ 汉水流域

汉江也称汉水，汉江支流众多，这些支流又有自己的支流，它们像飘逸的彩绸，在潇洒舞动中抖落出汉江流域会馆的身影。

汉中 汉中位于陕西南部，很早就以商业和手工业发达著称，清乾隆年间，更是云集了各处客商。汉中至今犹存的一些地名，如伞铺街、碗铺街、丁字街、管子街、山西会馆巷、河南会馆巷等，是昔日商帮活跃、会馆繁盛的记忆。这些会馆的主人分别是江西帮、怀庆帮、西安关中帮、湖北黄陂帮、山西帮、四川帮、福建帮……除此之外，汉中市的每个县城也都有数处会馆。

襄阳 襄阳地处湖北西北，汉江中游。古驿道从京城西安过洛阳经襄阳而到江陵；唐白河在此与汉江交会，"南船北马"、"七省通衢"的襄阳历来是商贾云集、兵家必争之地。明末清初，鄂、川、豫、赣、陕、晋、皖、湘、苏、浙、闽等十一省客商在交通方便的码头口和繁华商贸区相继建起 21 座会馆。

龙驹寨 丹江是汉江最长的支流，龙驹寨位于丹江上游的丹凤县，是陕西有名的古镇、重要的商务码头。由丹江入汉江再进入长江，这条"黄金通道"使得龙驹寨"万历天启中为积盛"，被誉为"小汉口"。这里有十大会馆，嘉庆二年（公元 1797 年）修建的明王宫是有名的船帮会馆。

南阳 在汉江的许多支流中，唐白河流域面积最大，唐白河干支流大部分流经南阳地区。陕西、山西、湖广、安徽、江苏、浙江、四川以及省内怀庆、泌阳、唐河、邓州等地的商人云集于此，建造会馆计 20 余处。

南阳赊旗镇（今社旗县）是清代名镇，赊旗镇山陕会馆始建于乾隆二十一年（公元 1756 年），竣工于光绪十八年（1892），历时 137 年。会馆为仿皇宫式建筑群，规模宏伟。今南阳市所属的县、镇，在明清时期都有各地商帮建立的众多会馆。

「襄阳古城」

「船帮会馆」

「社旗山陕会馆」

◉ 湘沅二江

湘江、沅江同属长江八大支流，与洞庭水系的其他姊妹江一起滋养三湘大地，让这里百业兴旺，生气勃勃。湘江边上的湘潭、长沙，沅江上下的洪江、常德，都是商贾云集、会馆林立之地。

「湘潭北五省会馆」

「长沙鲁班殿」

「洪江，中国第一古商城」

湘潭 湘潭是湘江流域传统的区域经济中心。嘉庆、道光年间，湘潭"城厢内外，市面大兴"，商贾分为闽、粤、苏、浙、湘、赣、豫七大帮。学者统计，湘潭市明清两代共有各类会馆公所60处，其中北五省会馆为山西、山东、河南、陕西、甘肃五省商人共建，又名关圣殿。江西会馆最多，共十三馆，其他如江苏、安徽、衡州、福建、广东、广西、湖北、永州、郴州各有一到数馆。

长沙 长沙在明代即人口密集，工商业繁荣。清康熙三年置湖南省，长沙成为省会，省内外商人纷至沓来并结成商帮。《湖南商事习惯书》："有以同籍为帮者，如盐帮有南帮、北帮、本帮；茶帮有西帮、广帮、本帮；本帮又分湘乡帮、浏阳帮；疋头帮有苏帮、本帮；竹木帮有西帮、本帮；票帮有平遥帮、介休帮；钱帮有西帮、苏帮、本帮；典当帮有南帮、徽帮、西帮、本帮以及各种同业以同籍各为一帮之类皆是也。"

有研究者统计，长沙城区、宁乡、浏阳、望城共有同乡会馆34个，其中最早的建立于康熙初年。

洪江 洪江在元朝末年已成为湘黔边境的大墟场，明清时期更成为扼守湘、滇、黔、桂、鄂物资集散通道的商贸重镇。清代县志记载，洪江全城3.76万人中，就有1.5万人经商，可谓名副其实的"商城"。

从清康熙年开始，湖南省内外来到洪江的商贾组成油、木、钱、布等十多个行帮，以建造年代早、规模大、资金雄厚而号称洪江十大会馆的有：黄州会馆、江西会馆、徽州会馆、福建会馆、宝庆会馆、辰沅会馆、七属会馆、贵州会馆、衡州会馆、湘乡会馆。到民国时期，由十大会馆发展到更多。

常德　常德历来为湘西重要门户，物货集散枢纽。清康熙年间，在此的江西人已建有豫章会馆（即万寿宫），道光年间，市区有"九庙十八宫"，十八宫多为外籍人同乡会馆。

据《常德市志》，清乾隆十六年（公元1751年），常德成为仅次于长沙的湖南大商埠。江西、安徽、山西、陕西、福建、河南、湖北、广东八省商人相继来到常德，分别组成公所、会馆共17所。在常德的湖南籍商人还设有辰沅、衡永郴、麻阳、长郡、宝庆和靖州6个会馆。在汉寿、津市等其他县、镇也都有一些商帮所建的会馆。

◉ 江西四港

赣江、抚河、饶河、信江、修水"五水"属鄱阳湖水系，水运交通的发达，让明清时期的樟树、河口、吴城、景德镇四港发展成江西省重要商埠。

樟树镇　樟树在明清属临江府清江县，位于江西中部、赣江与袁江交汇之处，是全省南北、东西通道的交会点。

唐宋时代，樟树已有"药墟"、"药市"之称，明代中后期至清末400余年是樟树药业的鼎盛时期，有药材行、号、店、庄近200家，其中本地商人开设

「樟树三皇宫，供奉三皇和历代医药家」

的有百数十家。外地药商有四川附片客、湖北茯苓客、广东陈皮客、福建泽泻客、浙江白术客、湖南雄黄客，有山西、陕西、新安等会馆多处。

河口镇　河口镇位于江西东北部，今为铅山县城，处信江与铅山河的合流之处。民间有"买不尽的河口，装不完的汉口"之说，商界称之为"八省码头"。

清代中叶，沿河十余座码头每日停泊大小货船2000多艘。镇内有9弄13街，人口10万，有山西、陕西、山东、安徽、浙江、福建各省及江

西省内商人所建的会馆。

吴城镇 吴城地处江西北部，鄱阳湖西岸，为赣江和修水入湖之处。吴城商业的兴起约在明代后期或清初，乾隆至道光百余年间是吴城商业发展的鼎盛时期。

吴城有全楚、山西、广东、浙宁、湖南、徽州、潮州、麻城等会馆。据说粤商在吴城建会馆时，当地势力禁止动用本地一砖一瓦，粤商于粤糖运赣的船中，每袋糖中夹带一块砖瓦，仅一二年时间便建成一座规模宏大的广东会馆。

景德镇 昌江是江西"五水"之一的饶河下游右岸最大支流，景德镇是位于昌江中游的中国历史文化名城、中外有名的"瓷都"。众商帮在此建有苏湖、都昌、徽州、南昌、饶州、临江等会馆。

◉ 江南水乡

对于商业、商人来说，江南就是天堂；作为例证，便是在这里广泛分布的工商会馆。不能一一枚举，略说数处。

苏州 苏州在明后期逐步代替南京发展成为全国性中心市场。入清后，苏州与北京、汉口、佛山同为"天下四聚"。乾隆时人孙嘉淦认为苏州之繁盛更在京师之上。

苏州聚集了几乎来自全国的商帮、商人。范金民先生认为苏州城区至少有 48 所会馆，另外苏州府属县及市镇至少有 16 所会馆，如果都统计在内，则苏州一地的地域性会馆多达 64 所（不包括地域性、行业性公所）。

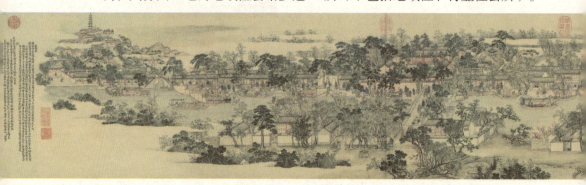

「专为进献给乾隆皇帝的名画姑苏繁华图（局部），该图画有 12000 余人、房屋 2140 余栋、桥梁 50 余座、客货船 400 余只、商号招牌 200 余块，被誉为研究清代苏州的百科全书）」

湖州　《支那省别全志》载有徽州等 10 所会馆，但在德清和乌程县及其他镇还有 18 所。湖州府一共有会馆 30 所左右，主要分布在工商业市镇中。

常州　据范金民先生研究，常州会馆有 4 所，其中府城 3 所，即浙绍会馆、泾旌太会馆、洪都会馆；江阴 1 所即徽州会馆。（另有茧业、药业、典业、酒业等 12 个公所没计入。）

其他如盛泽、南浔、乍浦等以丝绸、木材著称，专业性很强的工商市镇，都有为数不等的会馆。

有需要事有会馆

会馆与商帮相辅相成、互为发展支撑。对于商人，会馆是在异地"复制"的故土、放大了的"家族"、经商路上躲避风雨的屋顶。商人从情感生活到经商活动都少不了会馆，在急难之时更需要会馆的庇护。

商人常年在外，精神上难免寂寞，会馆按惯例组织一些活动，吃家乡饭、看家乡戏，给商人以精神享受并加强同乡情谊。许多会馆都有仓储设置，可供存放货物，且收费较低。本籍经商者"得以捆载而来，僦赁无所费，不畏寇盗，亦不患燥湿"。

但是会馆的作用绝不仅仅如此。会馆把化解矛盾，消除威胁放在第一位，拯乏给贫尚在其次。在异地经商之人，面对种种或明或暗防不胜防的侵害，总希望有一种近乎全能的力量来作保障。顾炎武（公元1613—1682 年，著名思想家）曾说，徽商在外，"遇乡里之

「开封山陕甘会馆」

讼，不啻身尝之，醵金出死力，则又以众帮众，无非为己身地也。近江右在外，亦多效之。"（《肇城志》）其实不仅江右商人"效之"，其他地方商帮也同样"以众帮众"，而这种帮助赖以实现的途径或形式，便是商人结帮抱团，聚集在会馆的旗帜之下。

明清时期商人数量庞大，而商业资本却并不集中。广布于社会各个角落的中小商人并没有因为大商帮的形成而失去生存空间，反而大多在大商帮的庇护下求得存活。在明清社会庞大的商人群体中，有些人是把商业作为副业或临时性职业，有些人经商则是季节性的，正是因为会馆的存在，使他们有机会由商致富而改变自己的贫困境地。

「会泽江西万寿宫」

商人初至异地，先找会馆，会馆安排其食宿，然后介绍至同乡商号中。若是学徒，会馆则可出面找本籍商人作担保，介绍其就业。会馆此时成为安排同乡就业的中介，而同乡成员的加入，其忠诚度对商帮发展过程中的安全性是有积极作用的。在会馆里，同时还有大商人对小商人的其他提携，如指引经营方向、传授经营经验、吸收小商人参与经营等等。

会馆通过收取会费和经营生利产业，积累了大量剩余资金，即"会底银两"。会底银两的使用有两种形式：一是作为公共资金，向会员提供帮助。再一种形式是独立投资，经营商贸事业，转化为工商业资本。无论作为同乡互助金或是作为独立投资，都只面向同乡，这实际上也就壮大了本籍商帮。

会馆积累资金除了以上用途，大多用于善举，如向破产的同乡提供生活支持或资助返乡，向患病或年老、失业的同乡提供救助，为去世的同乡安排殡葬并定时祭祀，有的会馆还为商人子弟提供义学教育。如四明公所长生会规定："夫妇或均年迈，不能力作，或壮年身生疯劳等症，难以生活，报明会中，夫妇按月各结洋壹元伍角，以资赡养。或上有祖父母、父母，按口每月亦结洋壹元。或下有儿女尚在幼小，亦按口每月结付洋壹元。过十六遂不结。"苏州七襄公所规定："同业中有老病废疾不能谋生者，有鳏寡孤独无所倚藉者，有异乡远客贫困不能归里者……于公费中量为资助。"

入土为安，叶落归根，这是中国人对身后事最起码也是最庄重的愿望，但离乡背井的商人，或因经济条件或因其他往往不能如愿。相当多的工商会馆以悲悯之心设置殡舍、义冢，据粗略统计，各地域商帮仅在江南的这类寄枢所、义冢等慈善设施就多达 70 余处，几乎遍布江南各地。会馆给了客死异乡的同籍人最后的关怀，使他们得以瞑目，实在是极大的功德。

有责任时有会馆

会馆把传统的地缘关系与现实的行业纽带融为一体，把旧式的人际关系、职业行规与近代的社会契约、民主意识结合起来，在经济发展中起着重要的作用。而由于它与封建政权之间的"互藉"关系，会馆又承担起社会管理方面的诸多责任。

◉ 行业之责

当商业活动从规模到内容都日益发展的时候，会馆特别是行业性会馆都把治理商业秩序作为自己的责任。它们在制定行规、章程时，往往要经同行议定，有的还会报官立案；在得到官府的批准承认后，就成为行业和官方裁处商事纠纷的准则。这类行规、章程的内容，涉及从业资格、入会费用、行业质量与计量标准、原料分配与生产规模、货物价格、招收雇工的手续、工价和人数限制、开业地点、对违规者的处罚方式以及供奉和祭祀的神灵等各个方面，十分详尽。会馆对商业秩序的管理，能约束商户行为，

「禹王宫」

避免或减少恶性竞争以及对消费者的损害等消极现象，对统一行业追求，提高行业地位，推动该行业在一个地区的健康发展是有益的。

在沙市，泾太会馆规定，"沙市油坊，概为太平帮（安徽太平人），每月初一及十五两日，同业者会定市价，不许私自上下价额。若违约，则于泾太会馆（安徽宁国泾县太平县人集会之所），课罚金六十七串文。"

在湖南安化，江西会馆药帮规定，犯规违约者，逐出境外。钱业纯阳堂规定，罚钱一串、油一篓。浙江会馆规定，凡违反公议货价进行交易者，罚酒席一桌、戏一本、钱五千。罚戏罚酒席，都有公开道歉以争取同乡或同业谅解之意，罚戏则还有敬神的含意。

宣统二年（公元 1910 年）二月，长沙府茶陵州衡帮发布了一个"公贴"："茶陵衡帮革条式立革条：衡帮靴鞋店曾正茂、义和、义升等，今因本帮同业大茂窝贼销赃，业经查实。我等公同商议，革出该大茂，永远不许再入茶陵州营业，本街亦不能雇佣隐匿，以整同帮同业规程。宣统二年二月二十四日衡帮公贴。"这种处罚应该说是很严厉的。

「《金壶七墨》」

晚清人黄钧宰（约公元 1826—1895 年）在其所著的《金壶七墨》中记载了有关行规的这样一件事："苏州金箔作人少而利厚，收徒只许一人，盖规例如此，不欲其广也。有董司者，违众独收二徒。同行闻之，使去其一，不听。众忿甚，约期召董议事于公所。董既至，则同行先集者百数十人矣。首事四人令于众曰：'董司败坏行规，宜寸磔以释众怒。'即将董裸而缚诸柱，命众人各咬其肉，必尽乃已。四人者率众向前，顷刻周遍，自顶至足，血肉模糊，与溃腐朽烂者无异，而呼号犹未绝也。"

对违反行规者如此处罚，将其活活咬死，可谓惨无人道。在此等环境中，即使少数人有突破行规的想法（有时可能是包含进步意义的改革），也因慑于代价惨重而不敢越雷池一步——这是行规的另一面。

● 社会之责

会馆是民间自发、自律、自治性组织，但它却从未准备也不可能超越封建统治而自行其是。相反，会馆的设置者们多把建立有序的社会状态作为自己的追求，他们竭力创造的环境是：既为自己的经济活动提供良好条件，同时也切合政府对社会稳定的愿望；既在社会变迁中有所为，又力求合乎法度。

从封建政府来说，传统的封建管理体制仅适用于管辖安土重迁、户籍严明的士农工商各居其业的社会格局，行政体制仅设至县，县以下的基层社会则通过乡党乡族等势力来实行调控。这在"熟人社会"一般还能收效，可是对于处于流动变化且阶层界限日益模糊的"新"士农工商群体，政府却缺乏有效的社会管理体制。

政府逐渐看清楚了会馆发挥着地方政权难以企及的某些教化、协调、整合作用之后，便将其纳入管理体系加以利用，与会馆形成一种"互藉"意味的关系——这实际上是封建统治能力的延长和统治方式的更新。

从乾隆四十二年（公元1777年）浙江嘉兴府《重建江西万寿宫会馆碑记》，可以读到许多信息：一是该项会馆的建设"已奉宪批允可"，且"合行勒石示遵"，这就相当于今日向社会与大众公示其合法性；二是明明白白宣示，闲杂人等一律不得骚扰，这就是承认其自立自律自治的权益。三是表明会馆还应对流寓该地的客籍人、财、物、产、租、税、事等，统筹管理，发挥政府授权、会馆合法实施的"准政府"的机制与功能。

「西山万寿宫」

在工商业发达的城市，会馆承担的社会责任尤其为多。例如重庆、广州、汉口、宁波等地的会馆，在救济、慈善、消防、治安乃至城市建设方面都有主办或参与，在人、财、物方面甚有贡献。重庆的联合会（稍后称作

「重庆广东公所」

"八省会馆"），承担了范围很广的慈善事业与公共工程，太平天国时，衙门还对它施加压力，要它负起地区防御之责。

延至清末，会馆的社会管理功能更加明显。以上海为例，到 19 世纪上半叶以前，会馆公所对于上海地方事务的贡献主要还只是局限在对地方公益事业的财务捐献上。19 世纪中叶，由于传统地方政权的管理能力跟不上上海开放以后的社会变化，对地方事务特别是新兴事务的管理和控制日益显得无能为力，会馆公所在地方事务中的作用便日渐上升。到清朝最后十年，上海地方自治期间，会馆公所的作用表现得淋漓尽致。会馆公所的头面人物成为地方自治中最主要的中坚力量，地方自治机构在地方事务中所起的具体作用已经超过了地方政府。

说政府与会馆的关系有"互藉"意味，实际上这并没有改变官在上，民在下的实质。一方面，政府已经知道如何利用会馆管理商务；另一方面，政府视会馆如属吏，不可能是平等协商的关系。又因为会馆本就有自己的利益追求，一旦阶级矛盾激化，会馆由富贵者们维护社会秩序的有效工具演变为劳动者们维护自己利益的组织表现出与政府的对抗性这一面，封建政府则会态度严厉地加以取缔。所以，"生杀予夺之权"仍是操在官府手里的。

进入近代后，中国沦为半殖民地、半封建社会，在西方列强的侵略与压榨之下，中国商帮、商人生存与利润空间越来越狭小。再加上陆路、铁路的兴建，新兴商业、产业的出现，商帮传统的经营领域、内容、方式所具有的优势日渐消失。除了沪商、宁波商帮与时俱进地进入新兴领域，更多的商帮或者茫然不知所措，或者在日益缩小的旧圈子里苦苦支撑，更有的还将自己的命运系于摇摇欲坠的封建朝廷，幻想能出现某种"变数"。

在大多数会馆随着商帮的衰落而趋于消亡之时，一些会馆也在寻求新出路，地域性会馆渐渐向同业性会馆、公所转变。从 20 世纪初开始，各大城市纷纷建立近代商会组织，但是旧式的会馆、公所并没有遽然消失。在一段时间里，它仍然是城市工商业中的重要经济组织，在经济发展中仍然起着重要的作用。"檐外蛛丝网落花，也要留春住"，会馆在努力做着它能做的事。

结 语

◉ 斯文一脉比传灯

物换星移几度秋，明清以来的会馆已经进入历史。回首看，它在明清社会政治、经济、文化大变迁之中，传承中华传统文化并适时更新，表现出我们民族积极进取的入世精神，推动了社会向前发展。这一些，在今天仍有积极的借鉴意义。

「雍正皇帝」

会馆努力传承传统道德　雍正二年（公元1724 年），山西巡抚刘于义上奏："但山右积习，重利之念甚于重名，子孙俊秀者多入贸易一途，其次宁为胥吏，至中材以下方使之读书应试，以故士风卑靡。"雍正帝朱批："山右大约商贾居首，其次者犹肯力农，再次者谋入营伍，最下者方令读书，朕所悉知。习俗殊可笑。"经商居然重于科举，商人居然高于士人；家庭中最有出息的便去经商，最不成器的才去读书，这种完全"颠倒"的次序让雍正帝觉得实在可笑。

明清以来，随着商品经济的发展，人口大量、持续流动，经商逐渐表现出造就巨富的魔力，商人社会地位悄悄上升，士农工商"四民"不但界限模糊而且还自行互相"流动"，社会各阶层的价值观念都在急剧转变。

面对万花筒一样纷乱复杂的世界，大量、持续的流寓人员，身在异乡，"心"在何处？

梁漱溟先生说，"离开家族的人们没有公共观念、纪律习惯、组织能力和法制精神，他们仍然需要家族的拟制形态。"会馆以同籍为纽带，集合流寓中的同乡，再造乡土环境，成为拟制中的家族。它以"崇乡谊、敦信义"为建馆宗旨，它所崇祀的乡土神灵、先贤忠良皆为传统文化美德的化身，能够有效地规范人心，使传统道德在社会变迁中得以承继。流寓人员由此有所自律、有所约束、有所归依。

在工商都会，会馆提出"脱近市之习，敦本里之厚"的口号，把发扬传统美德作为商人事业发展的先决条件，强调"德"是首位的，"术"不是最重要的。会馆还要求商人同舟共济，以众帮众。在恤贫济困，贡献社会这方面，会馆的作为有目共见。在一些工商业发达的城镇、都市，会馆将过去偶发的、个人的慈善行为发展成固定的、持续的、团体的社会慈善事业。

会馆推动文化交流融合 文化的传承，总是伴随着吸收、融合。会馆把原生地的文化风俗尤其是祭祀习俗、年节习俗带到异地，并围绕着这些习俗，开展戏剧、饮食、商贸等交流活动，形成一个新文化圈。各个会馆常有频繁的演剧活动，这些都成为各地文化交流的重要园地。戏台上浓墨重彩地演出人生悲欢离合，展示各地风土人情，戏台下，来自各地的移民还有他们的后代，便在欣赏、娱乐中交流与接纳地域文化。

在移民会馆集中的地方，移民带来了先进农业技术、生产经验。例如乾隆《中江县志》记载，中江县用于灌溉的筒车（水车）；嘉庆《什邡县志》记载，什邡县农田整理、施肥的方法，都是受移民启发。四川的一些粮食作物、经济作物如优良稻种、番薯、甘蔗、烟草、苎麻的引进和推广，也是移民作出的贡献。

会馆促进社会观念更新 明清会馆在文化上的一个很大的特点，就是它常常能主动适应社会变迁。

长期以来，"君子"耻于言利，"何必曰利？亦有仁义而已矣。"这与日益发展的商品经济所要求的

「孟子画像，"何必曰利，亦有仁义而已矣"出于《孟子》」

价值观和社会舆论环境相去甚远。会馆在同籍纽带下，聚集了官绅商民各个阶级阶层的人，通过互相接触、沟通、交流、砥砺，会馆成为新的义利观发生和滋长的一个渊薮。

《重修仙城会馆碑记》如是说："人知利之为利，而不知义之为利；人知利其利，而不知利自有义，而义未尝不利。非斯馆也，为利者方人自争后先，物自征贵贱，而彼幸以为赢，此无所救其绌。而市人因得以行其高下刁难之巧，而牙侩因得以肆其侵凌吞蚀之私，则人人之所谓利，非即人人之不利者耶？亦终于忘桑梓之义而已矣。惟有斯馆，则先一其利则利同，利同则义洽，义洽然后市人之抑塞吾利者去，牙侩之侵剥吾利者除，是以是为利而利得也，以是为义而义得也，夫是之谓以义为利而更无不利也。"

新的义利观的树立冲破了过去"君子罕言利"的窠臼，提出以利为义，以义为利的新思维，这对经济发展与道德完善都颇有裨益。会馆不仅宣称义与利是可以统一的，而且明确宣称，如果没有会馆的力量，这种义利相得的局面就不可能实现。

事实上也确实如此。会馆对新的义利观并没仅仅停留在二者关系的阐述上，它还通过强调商业中的职业道德，参与商品经济运行、市场秩序管理、严厉惩罚违规行为等，以实现自己的主张。商人们时常会聚于会馆，彼此交流商业活动中的经历，倡导起一种以义为先，取利有道的风气。正是由于会馆积极致力于这方面的事务，才使明清市场经济在发展过程中，克服了许多消极的因素，树立了中国近代商人"义利兼顾"的良好形象。

会馆的存在与发展，是在封建体制的缝隙中不断地开辟自己的道路，它既是与明清社会政治、经济文化发展相适应的产物，也是一种主动的创造。在中国社会的近代化过程中，会馆发挥了重要作用，占有重要的历史地位。

会馆在时代风雨中走过了600年历程，在各种原因的综合作用下，作为整体的商帮渐渐退到历史舞台的边缘，与商帮形影相随的会馆也跟随其后淡出人们视野。

在海外华人社会，会馆至今仍在繁盛之中，它既保持了中华本土会馆的基本内核，又能适应域外生存需求而有创新和发展。华人会馆在为华人求生存、谋发展，保持与传播中华文化优良传统的同时，为所在地的经济开发、社会繁荣以及中华文化与世界文化的交流融汇，做出并继续做出贡献。

会馆，这种中国特有的政治、经济、文化事象，数量之多、分布之广、延续时间之长、影响之大，在世界上都极其引人注意。对商帮文化、会馆文化认真研究、切实保护、合理开发，以之造福于社会、贡献于国家、泽及于世界，是后人应尽的责任。

主要参考文献

[1] 美朗宗贞.论西藏近代商人阶层的形成.中国藏学，2009（4）.

[2] 何威.明清时期河州穆斯林商帮兴起初探.甘肃民族研究，2008（2）.

[3] 敏文杰.临潭回商（洮商）及其精神评述 .http://blog.sina.com.cn/s/blog_500d2c830100d7gb.html.

[4] 罗群.近代云南商帮的兴起与发展.工商史苑，2012（1）.

[5] 周智生.云南商人与近代滇藏商贸交流.西藏研究，2003（1）.

[6] 潘发生，七林江初，卓玛.中甸归化寺僧侣商业概述.西藏研究，1993（2）.

[7] 李琳琦.徽商与清代汉口紫阳书院——清代商人书院的个案研究.清史研究，2002.5（2）.

[8] 陈学文.中国历史上西部开发的先驱者——龙游商帮.浙江学刊，2003（2）.

[9] 程必定.徽商兴衰的文化解读.安徽师范大学学报（人文社会科学版），2005（1）.

[10] 吴慧.商业史话.北京：社会科学文献出版社，2011.

[11] 吴慧主编.中国商业通史.第四卷/第五卷.北京：中国财政经济出版社，2008.

[12] 方志远.明清江右商研究 .http://eco.guoxue.com/article.php/5435.

[13] 范金民.明清江南商业的发展.南京：南京大学出版社，1998.

[14] 范金民.明清洞庭商人家族.http://wenku.baidu.com/view/85fb3193daef5ef7ba0d3c0d.html.

[15] 黄启臣.广东商帮.合肥：黄山书社，2007.

[16] 王兴亚.河南商帮.合肥：黄山书社，2007.

[17] 李刚，梁丽莎.大话浙商.西安：陕西人民出版社，2008.

[18] 李刚，袁娜.大话苏商.西安：陕西人民出版社，2008.

[19] 李刚，赵琨.大话闽商.西安：陕西人民出版社，2009.

[20] 王尧，黄维忠.藏族与长江文化.武汉：湖北教育出版社，2005.

[21] 李怀军主编.武汉通史·宋元明清卷.武汉：武汉出版社，2006.

[22] 皮明庥，邹进文主编.武汉通史晚清卷（上、下）.武汉：武汉出版社，2006.

[23] 武汉地方志编纂委员会主编.武汉市志·社会团体志.武汉：武汉大学出版社，1997.

[24] 周军，赵德馨.长江流域的商业与金融.武汉：湖北教育出版社，2004.

[25] 唐金龙.星火燎原　天下湘商.北京：知识产权出版社，2011.

[26] 朱英.商业革命中的文化变迁——近代上海商人与"海派"文化.武汉：华中理工大学出版社，1996.

[27] 王俞现.中国商帮600年.北京：中信出版社，2011.

[28] 王日根.中国会馆史.上海：东方出版中心，2007.

[29] 周均美主编.中国会馆志编纂委员会编.中国会馆志.北京：方志出版社，2002.

[30] 卢爱任.桂商的光荣与梦想.北京广西企业商会网.

[31] 郭学仁.湖南传统会馆研究.http://www.docin.com/p-390029417.html.

[32] 罗琳.长沙地区会馆文化探析.http://www.docin.com/p-344845889.html.

图书在版编目（CIP）数据

商帮会馆 / 王志远编著 . —武汉：长江出版社，
2019.6（2023.1 重印）
（长江文明之旅丛书 . 建筑神韵篇）
ISBN 978-7-5492-6506-0

Ⅰ . ①商… Ⅱ . ①王… Ⅲ . ①长江流域—商业
史 Ⅳ . ① F729

中国版本图书馆 CIP 数据核字（2019）第 105327 号

项目统筹：张　树
责任编辑：李海振　王　珺
封面设计：刘斯佳

商帮会馆

刘玉堂　王玉德　总主编　王志远　编著
出版发行：上海科学技术文献出版社
地　　址：上海市长乐路 746 号　200040
出版发行：长江出版社
地　　址：武汉市解放大道 1863 号　430010
经　　销：各地新华书店
印　　刷：中印南方印刷有限公司
规　　格：710mm×1000mm　1/16
印　　张：10
字　　数：136 千字
版　　次：2019 年 6 月第 1 版　2023 年 1 月第 2 次印刷
书　　号：ISBN 978-7-5492-6506-0
定　　价：39.80 元